貧困問題の新地平

もやいの相談活動の軌跡

丸山里美 編
編集協力　自立生活サポートセンター・もやい

旬報社

はじめに

　2000年代に入り、日本では貧困が大きな社会問題として認識されるようになっている。2007年には、「ネットカフェ難民」という言葉が流行語大賞トップテンに入り、リーマンショック後の「年越し派遣村」はメディアでも大きく取り上げられ、それにともなって反貧困運動も広がりを持つようになった。
　この貧困問題に早くから取り組んできたNPO法人自立生活サポートセンター・もやい（以下、もやいと記す）は、2001年に東京で設立された団体である。もやいの前身は、路上で暮らすホームレスの人びとに対する支援活動だった。そこで出会った湯浅誠・稲葉剛らを中心に、ホームレスの人びとが住宅に入るとき、保証人を提供する事業としてもやいはその歩みを始める。当時は保証人提供会社がほとんどなく、家族とのつながりが途切れたホームレスの人にとっては、保証人を用意することが住宅を借りるときの大きなハードルになっていたからである。しかしその活動は、ホームレスの人だけではなく、DV被害者や外国人など、他の住宅確保が困難な人びとにも必要とされていたものだった。もやいの活動はこうした人びとのニーズを掘り起こし、ホームレス支援を超えて、様々な領域の社会運動を結びつける役割も果たしていくことになる。そして、このようにして生まれた運動の広がりは、その後2007年に反貧困ネットワークが結成され、日本各地で反貧困運動が展開される土壌になっていく。
　もやいは、2008年末〜2009年初めにつくられた「年越し派遣村」の前後にメディアに頻繁に登場し、多くの人に知られるようになった。そのため2009年には、それまでの3倍の相談が殺到し、東京都内からだけではなく、全国からも相談が寄せられるようになった。その年のもやいの週1回の来所相談の日は、さながら「野戦病院」のような様相を呈することになったという。
　2000年代を通じて、貧困が中高年のホームレスの人を超えて広がり、その形が変化していくのを、日々相談活動を続けていたもやいは肌で感じていた。このような変化を、もやいの相談の場に取材にやってきていたメディアがとらえ、発信していくことで、「ネットカフェ難民」と呼ばれる人や、「貧

困ビジネス」という言葉で有名になった劣悪な無料定額宿泊所に居住する人などの存在も、広く知られるようになっていく。そしてこうしたメディアの報道を見て、同様の困難を抱える人びとがもやいに集まるという循環が生まれる。この意味で、もやいの歩んできた道のりは、日本において貧困が広がり、それが問題化されていった過程と重なるものであり、もやいに相談を求めて集まる人びとの姿は、日本の貧困の縮図であるといえるだろう。

　もやいは、設立当初は「入居支援事業」として、賃貸契約時の保証人や緊急連絡先の引き受けを活動の中心にしていた。しかししだいに、入居支援だけにとどまらない様々な生活の相談も持ち込まれるようになる。そしてそれに応じるかたちで、のちに「生活相談・支援事業」が活動の柱に加わった。本書のもとになるデータは、この「生活相談・支援事業」のうち、もやいを直接相談に訪れた人を対象に、相談時に記録としてとっている相談票である。それを記録が残されている2004年から2015年3月まで、3267件分析した。

　この相談票は、量的に貧困を把握することができる貴重なデータであり、次の4つの点で、貧困問題の理解に新しい光を投げかけるものである。第1に、もやいを相談に訪れる人の変化を把握することを通して、日本の貧困が2000〜2010年代前半の間にどのように変化し、また変化していないかを知ることができる。もやいの相談者の姿をとらえることは、日本において貧困が問題化していく過程をとらえることにもつながる。第2に、もやいの相談には、「ネットカフェ難民」や知人宅に居候する人など、野宿者にとどまらない「広い意味でのホームレス」の人が多く含まれている。この人びとの特徴を分析することを通じて、見えにくく把握しにくい状態にあるこうした人びとの実態の一端をとらえることができる。第3に、もやいの相談者のなかには、30代以下の若者が3割、女性が1割含まれている。現在、若者の貧困や女性の貧困は社会的な注目を集めているが、それらが中高年や男性の貧困とどのように異なるのか、この分析を通じて実態と特徴を把握することができる。第4に、もやいの相談者には、一度は生活保護などの公的支援を受けたことがあるにもかかわらず、それが途切れた状態で相談に来る人が3割含まれている。こうした人々の実態を把握することによって、なぜ公的支援が生活の安定につながらなかったのか、現在の公的支援の制度にどのような問題があるのか、検討することができる。

　もやいの相談票の分析は、現在的な貧困を把握するうえで、以上のような

重要な点があるが、同時に様々な限界を持つものでもあった。もやいでは、一定の研修を経たボランティアのスタッフが、対面にて相談に応じており、本相談票は面接時に、その後の支援に必要な情報を記録として残すことを目的として記入されたものである。のちに分析を行うことを念頭において設計された相談票ではない。それゆえ相談票に記録されているのは、相談のなかで語られた内容だけであり、相談票には多くのブランクがある。また、相談票の記録は相談者の訴えにもとづいて行われており、なかには真偽が定かではない内容が含まれているうえに、相談を受ける人によって聞き方・記録の仕方にはばらつきがある。さらに、今回分析の対象とした14年間で、相談票は3度改訂されており、記入されている記録の項目や量にもかなりの違いがあった。また記録の仕方にも、ある項目が「あてはまらない」のか「不明」なのか判別がつかないものが多くあり、有効回答率が低い項目が少なくなかった。それでもこれらの限界は、もやいという団体の歩みをたどることができる本データの価値を本質的に損なうものではないと考え、相談票からできるだけ多くの情報を読み取ることをめざした。

　なお、相談者のなかには、一度の相談では終わらず継続して相談に訪れる人もいるが、今回の分析では初回相談の内容のみを扱っている。また、面接相談ののちに保証人提供を行うことになった人も一定層いるが、そのような場合は相談票が別に管理されていたため、本分析には含むことはできなかった。その他、本書で紹介する事例はすべて、個人が特定されないよう、複数の相談内容を混ぜ合わせたり、改変を加えていることを断っておきたい。

　以下では、本書の構成を概観しておく。第Ⅰ部「貧困はどう変わったのか」では、もやいの活動のこれまでと、本書のもととなるデータを概観する。第1章「もやいの活動の歩み」でもやい事務局長の大西連は、もやい設立の経緯から現在にいたるまでの活動の軌跡を、社会環境の変化とかかわらせながらたどっている。もやいは2000年代以降の日本社会における貧困問題の変化を見てきた証言者であり、その変化に現実的に対応するなかで、もやいの活動自体も変化してきたことが、そこから読み取れる。続く第2章「もやいの活動からみえる貧困——単純集計・類似調査との比較・相談者の変化」では、北川由紀彦が相談者の基本的属性にくわえて、本調査を他の貧困調査と比較し、もやい相談者が貧困者全体のなかで占める位置と、時代によって

相談者がどのように変化しているかを明らかにしている。「年越し派遣村」の時期、もやいに相談に訪れる人は激増したが、それはホームレスの高齢男性が増加していたことが分析からわかる。また最近になって、居所や仕事のない人の相談が増加しているとともに、生活保護を受給した経験がある人の相談も増えており、以前に比べて生活保護の受給をしやすくなった一方で、それだけでは十分に対応できない人や、何度も公的支援の利用を繰り返す人がいることも示唆されている。

　第Ⅱ部「貧困のかたち：もやい相談者の実像」では、相談票のデータをいくつかの観点から分析している。第3章「「ホームレス問題」の多様性──「広義のホームレス」の実態と福祉制度」では、後藤広史が、路上にいるわけではないために隠れて見えにくいホームレスの人たちの特徴を取り上げている。これまでの「広義のホームレス」に関する調査では、おもに「ネットカフェ難民」に焦点が当てられてきたが、本調査からは、他にも、サウナ・喫茶店で夜を過ごしたり、知人宅に居候するなど、様々なホームレス状態があることがわかる。また、こうした不安定な居住状態に至るルートは、幼少期の家庭環境や学歴、性別によって違いがあることが示唆されている。さらに生活保護を受給しても、不安定な居所から抜け出せないことが少なくないことを明らかにしている。第4章「仕事と生活から見た貧困──働くことの困難・働けないことの困難」では、山口恵子が、相談者のうち現職を持っていた人の仕事と生活の実態を分析している。現職がある人は2割と、相談者のうちでも少数だが、仕事をしていても労働条件が悪く、不安定な雇用形態で収入も低く、仕事を持つことが生活の安定につながっていない場合がほとんどであることがわかる。第5章「若年層の貧困の特徴──若者たちの生きづらさ」では、結城翼・大塚健太郎が40歳未満の若者相談者について、その特徴を、労働と家族に焦点をあてて検討している。若者は比較的仕事を見つけやすいが不安定な職に就きがちなこと、早くに離家したり逆に実家を出られなかったり、若者の抱える困難は家族と結びついている傾向があることが指摘されている。第6章「女性の貧困の特徴──女性は貧困にもなれない？」では、丸山里美が女性相談者の特徴を男性と比較して検討している。ここから、女性は男性に比べて総じて生活が安定した層の人が多く相談に来ていることがわかる。しかし、女性の抱えている問題は必ずしも経済的な貧困に収斂されるわけではなく、関係性にからめとられているがゆえの生きづ

らさが多いことが示唆されている。第7章「繰り返される支援——公的支援との接合」では、もやい相談者の4割弱を占める、過去に生活保護などの公的支援を利用した経験がある人の特徴を、北川由紀彦が検討している。生活保護が廃止になった理由の多くは「失踪・辞退」であり、施設にいたケースでは「対人トラブル」や「ルール違反」が施設を退所した理由の多くを占めている。ここからは、支援の方法が適切でないか、少なくとも提供される支援が本人のニーズに合致していないことが読み取れる。

　第Ⅲ部「貧困問題の過去と未来」では、第8章「貧困はどのように問題化されていったのか」において、もやいの創設者の一人である湯浅誠と社会学者の仁平典宏が、貧困問題について語った対談を収録した。湯浅の話からは、彼がもやいの活動をしながら考えてきたことがメディアを通じて発信され、それが日本の貧困問題を形づくっていった過程がわかる。また、日本に貧困問題があるという認識が広がったのちの2010年代の政治状況や、これからどのように貧困を語ることが必要かなど、様々な論点が語られている。

　本書のもととなるもやいの相談票を分析するプロジェクトは、丸山が2010年夏に、相談票の整理ができないかともやいに相談したことから始まった。そこから協議を重ね、相談票を閲覧することについてのもやいの同意を得て作業を進めた。2011年7月までに寄せられた相談2305ケースについては、いったん分析をまとめ、2014年3月に『もやい生活相談データ分析報告書』として、報告書を作成している。その後データを2015年3月分まで追加し、分析を再度行って、その要点をまとめたものが本書である。

　もやいには、データ入力のための場所の提供に始まり、データを理解するうえでの様々な助言や、分析内容の検討の機会、本書の編集にいたるまで、多大な協力をいただいた。しかし分析自体は、丸山を中心とする研究グループによって行われたものであり、本書の分析・記述のすべての責任は、研究代表者である丸山と、各執筆者にあることを断っておきたい。

貧困問題の新地平──もやいの相談活動の軌跡　　　　　目　次

はじめに　3

第Ⅰ部　貧困はどう変わったのか

第1章　もやいの歩みと日本の貧困〔大西　連〕……………13
　　はじめに　13
　　1　もやいとは　13
　　2　相談者の変遷　15
　　3　相談員／相談体制の変化　16
　　4　社会環境、政治状況の変化と制度改正　17
　　5　「貧困」をめぐる変化ともやい　19
　　6　もやいの今後とデータ分析という武器　21

　【コラム①】もやいの事業〔結城　翼〕……………………………23
　【コラム②】生活相談とは〔結城　翼〕……………………………25

第2章　もやいの活動から見える貧困〔北川由紀彦〕…………27
　　　　　──単純集計・類似調査との比較・相談者の変化
　　1　基本集計および類似データとの比較　27
　　2　相談者の変化　36
　　3　経年変化のまとめ──困難度が高まる相談者　47

第Ⅱ部　貧困のかたち　もやい相談者の実像

第3章　「ホームレス問題」の多様性〔後藤広史〕……………53
　　　　　──「広義のホームレス」の実態と福祉制度
　　はじめに　53
　　1　「広義のホームレス」とは誰か　54
　　2　「広義のホームレス」の属性　56
　　3　就労状況と性別に見る「不安定居住」に至るルート　59

4　過去の福祉制度との関係　64

　　　5　相談後の居所　66

　　　6　まとめにかえて——「広義のホームレス」に対する福祉制度の課題　67

第4章　**仕事と生活から見た貧困**〔山口恵子〕……………………72
　　　——**働くことの困難・働けないことの困難**

　　　1　仕事・生活の実態から見る貧困　72

　　　2　相談者はどのような仕事でどのように働いているのか　73

　　　3　相談者にとって働くということ——相談者の生活のなかの仕事　79

　　　4　小　　括——不安定の制度化のなかで　86

第5章　**若年層の貧困の特徴**〔結城　翼＋大塚健太郎〕………………90
　　　——**若者たちの生きづらさ**

　　　はじめに　90

　　　1　若者相談者の状況　91

　　　2　労働市場と若者——機会と搾取　96

　　　3　家族という桎梏　100

　　　おわりに　102

第6章　**女性の貧困の特徴**〔丸山里美〕……………………… 105
　　　——**女性は貧困にもなれない？**

　　　はじめに　105

　　　1　量的データから見る女性の貧困　106

　　　2　事例から見る女性の相談　111

　　　3　女性の貧困の特徴　116

第7章　**繰り返される支援**〔北川由紀彦〕……………………… 121
　　　——**公的支援との接合**

　　　はじめに　121

　　　1　過去の公的支援利用経験者の特徴　122

2　生活保護・自立支援事業の廃止理由　127
　　3　制度利用経験と疾病状態　132
　　4　複数回の制度利用経験　134
　　小　　括　135
　【コラム③】相談者から見たもやい――当事者へのインタビュー〔結城　翼〕…138

第Ⅲ部　貧困問題の過去と未来

　第8章　対談●貧困はどのように問題化されていったのか
　　　　〔湯浅　誠×仁平典宏〕……………………………………… 143
　　貧困問題との出会い　143／ホームレス支援を始める　144／日雇運動の空気感　146／学生ボランティアから運動へ　147／ホームレス問題との出会い　149／もやいの3つの源流　151／「貧困」と言い始める　152／もやいのメディア進出　154／派遣村の影響　157／"貧困ブーム"は沈静化した？　158／安倍政権下での貧困問題　160／もやいの役割は終わったか　161／極限事例を打ち出すことの功罪　162／相対的貧困という概念　164／社会という感覚　166／普遍的なセキュリティ　167／貧困は経済的な問題だけではない　170／これからの貧困問題の語り方　170／奪われがたい人権　173

　【コラム④】もやいのこれから〔大西　連〕……………………………… 178

おわりに　180

年譜　もやいの設立から現在まで　181
編著者紹介　184

第Ⅰ部
貧困はどう変わったのか

第1章

もやいの歩みと日本の貧困

大西　連
認定特定非営利活動法人自立生活サポートセンター・もやい理事長

はじめに

　本稿では、もやいの生活相談分析の前段階として、そもそもの「もやいの成り立ち」やその背景、貧困問題をとりまく社会状況の変化や制度的な変化について、そしてデータ分析の可能性について、雑駁ではあるが解説を試みたい。

1──もやいとは

　1990年代前半、バブル経済の崩壊とともに、いわゆる日雇い建築労働などが減少し、安定した住居をもたず、都市部のターミナル駅などで寝泊まりする「ホームレス」の人が増加した。それにともない、東京都は1994年と1996年に新宿西口地下通路に寝泊まりする「ホームレス」の強制排除を行うなど、当初は強硬な「対策」をとっていたが、各地で立ち上がったホームレス支援団体などの要望もあり、2000年に排除ではないホームレス対策として、就職のための住民票の設置や求職活動の支援を受けることができる「自立支援センター」を設立した。
　しかし、せっかく「自立支援センター」を利用して就職が決まり、アパートに入居するための資金をためることができても、アパート入居に際しての

「保証人」がいないことにより自立ができない、という人が少なくなく、当時、新宿や渋谷でホームレス支援の活動に参加していたメンバーを中心に、「ホームレス状態」にある人のアパート入居の際の「連帯保証人」を引き受けるための活動として、2001年にもやいは設立された。

　このように、設立時はホームレス対策としての「自立支援センター」の利用者の「保証人」を引き受ける、という活動からスタートしたもやいだが、実際にはその後、DV被害にあって家族や親族に保証人を頼めない状況の人や、外国人など、身近に「保証人」を頼むことが難しい状況にある人からの相談が増加した。もやいが保証人を引き受けている人は累計で約2500世帯に及び、そういった「つながりの貧困」状態にある人へのアパート入居の支援の活動を通じて、その解決を試みている。

　一方、実際に保証人を引き受けると、そこから様々な「相談」が寄せられることになる。たとえば、「家賃を滞納してしまいそう」などの経済的な問題や、「隣の人がうるさくて困っている」などの日々の生活上の相談など、状況に応じて様々な困りごとが寄せられる。これらは、継続的な相談支援としての「入居支援事業」の一部として、また「居場所作り」の活動として、「交流事業」というかたちでその受け皿作りを試みることになる。しかし同時に、相談を受けてくれるところがあるということは、口コミや、それに関連して多くの人からのSOSにつながっていき、いま路上生活で食べるものがない、失業して住んでいた寮を追い出された、などの緊急性を要する相談など、私たちが「生活相談」と呼ぶ相談も増加した。

　以上のように、もやいの事業はその時々の出来事や、相談者のニーズに対応しようとするなかで徐々に拡大・多様化の道をたどってきた。これは、もやいが「経済的貧困」のみならず「つながりの貧困」と向き合おうとしてきた過程を示していると言ってみてもよいかもしれない。そして現在、もやいは「貧困問題を社会的に解決する」ことをミッションとして明確に打ち出し、各事業のアップデートをするとともに、新たな事業の展開を見据えて活動している。

2——相談者の変遷

　もやいを訪れる人は、前述したように、設立当初は保証人を提供する「入居支援事業」を中心としていたため、それに関連して、たとえば「自立支援センター」や生活保護制度を利用してアパートに入居する人など、なんらかの公的な支援によって捕捉されている人が主だった相談者であった。

　しかし、もともと中心メンバーがホームレス支援活動を担っていたことや、都内各地の支援団体などからの紹介、路上での口コミなどから、公的支援につながっていない、何らかの理由で支援につながることができずにいるホームレス状態の人からの相談が増加した。また、2000年代の初頭は、たとえば生活保護制度なども、本来利用できるはずの人が違法に追い帰されてしまうなど「水際作戦」の事態がいま以上に頻発しており、相談を受けるなかでそういった制度利用に適切につながるための支援が大きなウエイトを占めるようになってきた。

　そして、社会環境の変化としても、1980年代から続く非正規雇用増加の流れに加えて、2003年に労働者派遣法が改正され、製造業などでも派遣労働という不安定な働き方が拡大し、また携帯電話やインターネットなどのテクノロジーの進化により、それまでの雇用のマッチングのあり方に劇的な変化をもたらした。主に若年層に不安定就労や寮付きの職場など、不安定な住居環境での働き方が急速に拡がっていったのだ。

　それは、東京では山谷地域、大阪は釜ヶ崎地域などの「寄せ場」と呼ばれる日雇い労働者のマッチングの場の段階的な縮小と、新たな日雇い労働などの不安定就労の担い手の人たちの各地への分散化を進め、結果的に貧困状態の不可視化と、生活困窮の潜在化をもたらした。

　もやいにも徐々に若年層の貧困層が相談に訪れるようになり、2006年にNHKが「働く貧困層（ワーキングプア）」をテレビ番組に取り上げ、2007年には「ネットカフェ難民」という言葉が流行語にノミネートされるなど、社会的にいわゆる「ホームレス」だけにはとどまらない「貧困」が認知された。

そして、2008年秋に起きたリーマンショックとその後の世界的な経済危機により、国内でも製造業などで「派遣切り」と呼ばれる派遣労働者の雇い止め等が頻発し、多くの労働者が仕事と住まいを失って、路頭に迷ってしまう事態となった。当時、もやいの事務局長だった湯浅誠を「村長」として、労働組合や法律家や各支援団体のメンバーとで「年越し派遣村」と呼ばれる臨時の避難拠点を日比谷公園に設置し、約500人の生活困窮者を支援する活動を行った。

　もやいもこういった社会状況の変化と、また「年越し派遣村」などの活動の社会的な認知とメディア等への露出などにより、生活相談に訪れる相談者の数が激増した。それまでは、週に1回の相談日に訪れる相談者は概ね20人程度だったのが、この時期は約40〜50人にものぼり、さながら「野戦病院」のような様相を呈したのである。

3——相談員／相談体制の変化

　もやいが社会的に認知され、メディア等で取り上げられたこともあり、もやいには相談者だけではなく、ボランティア等でのかかわりを希望する人も押し寄せた。設立当初は都内でホームレス支援を行っていた数人のメンバーを中心に活動していたが、その活動の拡がりとともに、参加する人の属性にも変化が生じた。大学生や大学院生はもちろんのこと、福祉や医療などの勉強をしていたり、支援の現場で就労していた経験をもつ人であったり、定年退職後に何か社会貢献をと考えて参加する人や、すでに何らかのNPO・NGOで活動している人など、年齢や性別、資格や経験の有無によらず、もやいはあらゆる人を受け入れ、どういった相談活動が可能か、その都度模索してきた。

　もやいの活動は当初、すべてボランティアによって担われていたが、2006年には一部が有給スタッフとなり、ボランティアと有給スタッフの間での役割分担がなされるようになった。それとともに、少しずつではあるが、個々の相談員のスキルアップをめざしてきた。とくに「年越し派遣村」以降の一時期は、相談件数が前述のように1日に50件近くにのぼるときもあり、そ

の後、徐々に件数は減少傾向にあるものの、一つひとつの相談に対してより丁寧に対応していくための体制づくりが必要であった。

　また、これは詳しくは各章の分析内容を参照されたいが、最近は相談者の抱える課題や問題が、必ずしも「失業して生活困窮した」などの単純化できない場合が多い。病気や障害など、健康状態に不安を抱えていたり、家族など近しい人との関係にトラブルがあったりと、複雑な背景や事情をもって貧困状態に陥る人が多く、そういった一人ひとりの「困難さ」に向き合った相談体制や支援を整えていくことの難しさに直面している。

4——社会環境、政治状況の変化と制度改正

　2008年〜09年の年末年始に行われた「年越し派遣村」の活動は、グローバル経済や構造改革がもたらした非正規労働の拡大などの変化と、それにともなう歪みを可視化することに成功し、その後の自民党から民主党政権への政権交代もあいまって、貧困問題は社会的に解決が必要な課題として、政府も含めてその対策に乗り出す契機となったと言えるだろう。

　実際に2009年には「第二のセーフティネット」と呼ばれる「生活保護」の手前の社会保障制度として、不十分ではあるが生活困窮者対策が制度化された。

　また、当時もやい事務局長で「年越し派遣村」の村長だった湯浅誠が「貧困・困窮者支援チーム」の事務局長として内閣府参与に就任するなど、国を挙げて貧困対策、生活困窮者施策の設立に向けて動き出し、厚生労働省も相対的貧困率を初めて発表するなど（2007年時点で15.7％）、大きな動きが起こった。2010年には「パーソナルサポートサービス」の導入を推進するなど、少しずつあらたなセーフティネットの実現に向けて舵が切られた。

　2011年3月11日には東日本大震災および福島第一原子力発電所の放射能漏れが発生し、たくさんの命や、また多くの人々の生活基盤が失われた。もやいのメンバーのなかにも被災者支援に携わるために東北に転居する者など、各地の支援団体も含めて、生活困窮者支援で培ったノウハウを活かして被災者支援を展開し、貧困問題の可視化とその解決に向けて具体的に動き出すか

に思われた。

　しかし、再度の政権交代を経て自民党が第一党になってからは、そもそも選挙公約に「生活保護の1割カット」とあったように、当事者の声を聞く場をもつこともなく、社会保障審議会生活保護基準部会の削減案よりもはるかに大きな規模でもって生活保護基準の削減を行うなど、本来必要なセーフティネットを圧縮する方向性で施策が進められてしまった。

　今後の税と社会保障のあり方とその具体的な方向性を決定するための法律である「社会保障制度改革推進法」においては、2条1項に「家族相互、国民相互の助け合いが基本であること」などと明記されており、また、同じく社会保障制度改革国民会議の報告書によれば、「自助を基本としつつ自助の共同化としての共助（社会保険制度）が自助を支え、対応できない場合に公的扶助等の控除が補完する仕組み」と書かれていて、今後の社会保障のあり方は、まずは「自助努力」、そしてそれがダメなら「家族扶養」ということが原則とされている。

　そして、2013年12月に成立した「生活保護法の一部を改正する法律」においては、生活保護の申請時に、これまでは口頭でもよいとされていたにもかかわらず、申請書や必要書類の添付を求めるといった文言を条文に加え、あたかも生活保護申請のハードルを上げたり、必要な人を制度利用にいたらせない「水際作戦」を暗黙裡に認めるかのような改正を行った（国会での政府答弁ではこれまでどおり口頭でも申請は可能としているが、条文に明記することは福祉行政の現場での誤った運用が懸念される）。

　同様に、「扶養義務」に関してもその条件を厳しくし、これも政府答弁では特別な事情に対応するための改正と述べていたが、制度利用を必要としている人にとって大きな障壁となるような改正であり、まさしく「社会保障制度改革推進法」や「社会保障制度改革国民会議」で議論された、まず自助努力、次に家族扶養、といった方向性で最後のセーフティネットが改正されてしまった。

　このようななかで2013年に「生活困窮者自立支援法」が成立し、全国の各自治体に相談窓口が新設され、生活困窮者のワンストップでの相談対応が行われることが決定した。その新設の相談機関はNPO等が受託することも

あり、パーソナルサポートサービスの後継としての新たな可能性は秘めているものの、一方で、法律自体は「就労」というところに軸足を置いた施策に偏っており、もやいが問い続けてきた貧困問題の背景にある「経済的な貧困」と「つながりの貧困」の双方の解決を図るための施策をしては不十分なものになっている。

　生活困窮者自立支援制度は2015年4月に全国で一斉にスタートしたが、全国のすべての自治体に新たに支援窓口ができたことの価値は大きいものの、自治体ごとに行うか行わないかを判断できるとされた就労準備等の「任意事業」の実施状況に大きな差が出たり、公営と民間委託の違い、受託団体のカラー（NPOや社会福祉協議会、民間企業等）などにもより、同じ事業であっても自治体間での差が出ていることは否めない。厚生労働省も各自治体での取り組みに対して、就労率等を成果指標の目安として掲げており、就労率を上げることにインセンティブが働くことに応じて、窓口でのスクリーニング等のリスクも生じていると言えるだろう。もちろん、まだ立ち上がったばかりの制度で、これからの部分があるとは言えるが、大きな課題が立ちはだかっていることは間違いない。

5――「貧困」をめぐる変化ともやい

　厳しい政治状況の変化のなかで、では実際に貧困状態にある人が減少しているのかというと、そんな単純な図式は当てはまらない。とはいえ、いわゆる「ホームレス」の人は、厚生労働省のホームレス概数調査によれば、2003年には全国で約2万5000人だったのが、2013年には約8000人、2017年1月時点では6000人を切るほどに大幅に減少している。しかし、「平成24年度ホームレスの実態に関する全国調査検討会報告書」によれば、「ホームレス」の数は減少しているものの、「生活困窮し居住の不安定さを抱える層が存在すること」「これらの層が何らかの屋根のある場所と路上を行き来している」という指摘があり、これは、国の定義の「ホームレス」は減少しているが、国の定義に当てはまらない住居の不安定な生活困窮者層は無数に存在し、その実数やその実情を把握できていない、ということである。このこと

からも、貧困の多様化と潜在化が進行していること、そして、定義されにくいことにより不可視化され、よりその対策がとられにくくなっていると考えることができる。

　また実際に、新宿区生活福祉課統計資料によれば、新宿区の「ホームレス」の概数は2013年1月時点で162人であったにもかかわらず、2012年度で区に寄せられたホームレス等からの相談件数は9133件と、国の定義の「ホームレス」が実態のほんの一部でしかないことを現場のデータとして明らかにしている。しかし、その9133件のうち、生活保護利用にいたったのは1684件であり、どのような相談対応が行われたのか、相談者の状況や属性などはわかっておらず、貧困の実態、ホームレス状態にある人のおかれている状況はなかなか明らかになっていない。さらに付け加えておきたいのは、もやいの相談者においても、野宿状態で来所する人の割合は4人に1人とリーマンショック以前よりもむしろ増えており、国の調査等によっては見えにくくなった貧困の実態がもやいにおいて顕在化されているということである。

　一方で、もやい設立当初からみれば、日本に貧困があるという認識はかなりの程度社会に浸透してきていることは間違いない。微力ながらも、もやいでは東京圏を中心に各地で貧困についてのセミナーや講座を開催してきた。日本社会全体でいえば、2013年、生活保護法の改正と生活困窮者自立支援法が成立する半年前に「子どもの貧困対策の推進に関する法律」が全会一致で可決して以降、「子どもの貧困」というテーマは多くの人が広く知るところとなったと言える。同様に、2014年にNHKのクローズアップ現代で話題となった「女性の貧困」や、2015年に『下流老人』（藤田孝典著）のベストセラー化で話題になった「高齢者の貧困」など、様々な「貧困」が可視化され、メディア等でも取り上げられる機会が増えた。実際に困っている彼ら・彼女らを支援するNPO等の民間団体も、制度化や予算化を通じて急速に拡大した。

　「貧困」が可視化されていくなかで、また、働き方や住まい、家族のあり方がときに多様で、不安定で、均一さを融解させていくなかで、様々な形態の受け皿が産み落とされ、あたかも「貧困ビジネス」のようなものも含めて興り、廃れ、新たなものがそれに成り代わっていった。もやいはその過程を

つぶさに見てきた「証言者」でもあり、目まぐるしく変化していく社会からこぼれた人々を常に最前線で、現場で支える「セーフティネット」の機能を果たしてきたとも言える。このような団体は日本には他にないであろうし、その意義や価値は容易に測れないものがある。

では、もやいは役割を終えたのであろうか。つまり、「貧困を社会的に解決する」というミッションは完遂されたのであろうか。たしかに、様々な制度ができたし、予算化されたものもある。もやい設立時の2001年に「稼働年齢層が生活保護を利用できる」と考えていたものは少ないだろうし、「給付型の奨学金」の成立を予見したものも皆無であろう。しかしこれは、それだけこの間の社会の変化、貧困の深化というものの重みを逆説的に表してもいるのである。可視化されたものもあれば、光が一部に当たることによって不可視化されたものもある。進んだものもあれば、その限定的な歩みによってさらに取り残されたものもある。むしろ、もやいは設立時の2001年以上の大きな壁や課題にぶつかっているとも言えるだろう。

6——もやいの今後とデータ分析という武器

このように、社会環境の変化によって貧困状態は多様な拡がりを見せ、その複雑さの重層化と潜在化が進んでいる。しかし一方で、それに対応する政府や自治体の施策は、その実態に応じたものとはとうてい言い難く、むしろ貧困を主に「就労」という切り口のみでとらえた一面的なものになってしまっている。

もちろん、貧困をひとことで言うことは難しいし、実態を見ていけば見ていくほど、一人ひとり様々な状況があり、おかれた環境があり、陥った困難さがある。

他方で、それら一つひとつを整理し、分析していく作業は、万全ではなくとも可能な限りのセーフティネットを作っていくために、何よりも大切なことであることは言うまでもない。

もやいはその設立より、見よう見まねで「生活相談」を始め、いまでは年間に約4000件（来所相談はうち約1000件）の相談を受ける団体にまでなっ

た。とはいえ、本書でデータとして使われている過去の相談記録は、あくまでも相談業務のためにとっていたものであり、調査のためのものではない。また、先述のように相談を受ける体制や質は設立当初から変化してきており、記録の取り方も一貫しているとは言えない。したがって、残念ながらもやいの相談記録をもとにしたデータは、そこからただちに東京や日本の貧困層の状況一般について推量することは困難である。また、これまでの相談記録をまとめていくという作業も、もしかすると無謀な試みであったかもしれない。

　しかし、もやいがこれまで歩んできた歴史は、まさに日本の現代の貧困問題が可視化されてきた歴史でもある。以下の各章において、もやいの生活相談を様々な角度から分析し、実像をとらえづらい貧困問題ついて、いま私たちでできる最大限の考察を試みる。もやいの生活相談から見えることは貧困問題の一部かもしれないが、確かな事実として記録し、そこから見えるものを提起したい。

　もやいはこれまで、望むと望まざるとにかかわらず、必要に応じて各事業を展開し、必要に応じてその体制を整えてきた。これまではむしろ、貧困問題の傍若無人なふるまいに合わせ、振り回され、その都度模索しながら、常に貧困の最前線の「現場からの視点」にこだわって発信や提言を行ってきた。しかし、欲を言えば、もやいの活動から見えてきたものをもとに、それを武器に、貧困問題を社会的に解決するための糸口としていきたい。各章の分析が貧困問題の解決に寄与できれば幸いである。

【コラム①】
もやいの事業

　認定NPO法人自立生活サポートセンターもやいは「日本の貧困問題を社会的に解決する」ことをミッションとし、入居支援事業、生活相談・支援事業、交流事業、広報・啓発事業の4つの事業を行っている。このコラムでは、これらの事業について紹介したい。

　もやいはもともと狭義のホームレス、つまり野宿生活・小屋生活をしている人びとに対する支援活動のなかから生まれた。もやいの活動の出発点はそのような人びとの連帯保証人の引き受けであり、これは今でも入居支援事業の柱の一つとなっている。2017年で、活動を始めてから17年目となるが、もやいではこれまでに延べ2500人の連帯保証人と450人の緊急連絡先を引き受けている。もっとも、最近では保証会社が増えてきたため、もやいが連帯保証人になるのではなく、保証会社を利用する際に必要な緊急連絡先をもやいで引き受けるというケースが増えてきている。連帯保証および緊急連絡先を提供する際には、「もやい結びの会」という互助会に入り、会費（2400円／2年）を払うことを条件としているが、これはもやいという団体が一方的に「支援」をするのではなく、もやいを介した会員同士の互助の仕組みとして連帯保証や緊急連絡先を位置づけているためである。

　もやいでは連帯保証人の引き受けをしているなかで、当事者の相談を受ける機会があった。そのようななかで相談体制を整備し、生活相談・支援事業が始まった。当初は自立支援事業を利用し、その後アパートに移る人が相談者の中心であったが、来る者を拒まないスタンスをとっていることにより、多様な層の人びとがもやいに相談に訪れている。現在は生活相談が相談支援活動の窓口となり、必要に応じて他の支援団体や入居支援事業・交流事業へと橋渡しをしている（生活相談・支援事業についての詳細は【コラム②】を参照）。

　もやいは経済的な貧困だけでなく、つながりの貧困を課題ととらえて活動をしている。生活相談や入居支援が相談者と公的支援やもやいを含む支援団体とのつながりを形成するものであるとすれば、交流事業では相談に来た人びと同士のつながりを形成する場と言ってもよいだろう。生活困窮状態にいたる人びとは多くの場合、様々な「つながり」を断ち切られてしまっている。もやいの交流事業はそのような人びとに自らの居場所を作る機会を提供する。「サロン・ド・カフェこもれび」（以下、「サロン」）は、地域住民も含めて誰でも来ることができる場

としてもやいのスタッフ、ボランティア、利用者によって運営されている。しかし、サロンは誰でも来れるがゆえに——たとえば男性からのDVや性被害の経験があるなどして——居づらさを感じる人びともいた。このような事情から、交流事業ではサロンだけでなくもっぱら女性向けの「グリーン・ネックレス」や若者向けの「ランタンベアラこもれび」という場も用意されている。

お昼時には相談者も相談員も分け隔てなく食事を共にする（写真提供：もやい）

　最後に、もやいでは広報・啓発事業にも多くの資源を割いている。もやいは活動資金の大半を個人からの寄付でまかなっているため、市民社会に対して広く自らの活動を発信していく必要がある。また、先述の「日本の貧困問題を社会的に解決する」というミッションを達成するためにも、社会への情報の発信は不可欠なものである。具体的には、団体の顔であるホームページ等の整備はもちろん、マスメディアやSNSを通じた言論の発信だけでなく、各種講座やセミナーを日本各地で開催するなどして、貧困問題についての基本的な知識を広めることも広報・啓発事業の一環である。さらに、様々な政党に対してロビー活動や政策提言を行っている。広報・啓発事業は上記の3事業を通して現場で得られた知見を広く社会に伝え、政治過程に反映させるというもやいの役割の中枢を担っている。

　　　　　　（結城　翼〔認定特定非営利活動法人自立生活サポートセンター・もやい　生活相談コーディネーター〕）

【コラム②】
生活相談とは

　本書で用いられているもやいの生活相談データは、もやいにおける生活相談・支援事業で作成される相談票にもとづいている。ここでは、その生活相談・支援事業の概要、相談活動の様子などについて紹介したい。
　【コラム①】で述べられているように、もやいの事業は主に4つ（生活相談・支援、入居支援、交流、広報・啓発）に分けられる。もやいの活動はホームレス状態にある人のアパート入居時の連帯保証人引き受けから始まっており、生活相談・支援事業は入居支援事業の一環として来訪者の相談にのっているなかで発展してきた。現在は面談、電話、メール合わせて年間約4000件の相談を受けている。
　生活相談・支援事業では毎週火曜日に対面での相談、火曜日と金曜日に電話相談を実施している。生活相談・支援事業はもやいの有給スタッフ（コーディネーター）とボランティアによって運営されている。もやい設立当初は全員がボランティアで、そのとき相談に入れる人が相談を受けていたが、2006年に一部が有給スタッフになって以降はボランティアとコーディネーターで役割が分かれ、後述するようなコーディネーターによるチェックの仕組みも徐々に構築されてきた。
　現在、実際の相談ではボランティアが主軸となるような体制をとっており、この点がもやいの生活相談の特色となっている。具体的には、生活相談は次のような流れで進んでいく。相談者がもやいを訪れたとき、受付で簡単なニーズの把握をしたうえで、誰が相談を受けるのがよいのかコーディネーターが判断する。実際の相談には原則として2人1組でボランティアが入るが、経験と知識が豊富で一定の相談技術を有している人が必ず1人は入る。ボランティアをはじめたばかりの人には、まずこう

相談者の語りに耳を傾けつつ、問題の所在を探っていく（写真提供：もやい）

いったベテランの人の相談の様子を観察することからはじめてもらう。相談を受けていて判断に迷ったりわからないことがあったりしたときには、ボランティアはコーディネーターと意見を交換しながら相談を進め、相談を終えるときには必ずコーディネーターが相談者への対応に不足や問題点がないかチェックする。相談者が生活保護等の制度利用の申請を行う場合には、面談の後、もしくは後日ボランティアが申請の同行をすることもある。このように相談活動は原則としてボランティアが担い、コーディネーターが適宜ボランティアからの相談を受けたり、もやいとしての判断の責任を引き受けるという体制で行われている。

　もやいで活動するボランティアは様々なバックグラウンドをもっている。相談援助に関する仕事をしてきた人もいれば、これまでまったく関係ない仕事をしてきた人もいるし、学生もボランティアとして参加している。もやいでボランティアをするには、セミナーとオリエンテーションに参加する必要があるが、逆に言えば、それを経れば基本的に誰でも参加できる。このような参加へのハードルの低さはもやいでのボランティアの特徴であるが、このような特徴はもやいがそもそも専門的知識をもつアマチュア——筆者自身もそうである——の集団として活動してきた経緯に由来するところがある。また、ボランティアのなかには他の団体や個人で炊き出しやアウトリーチなどの活動を行っている人もおり、そこで出会った方が実際にもやいに相談に来ることもある。

　最後に、生活相談で重視されていることを1つ挙げるならば、それは相談者の意思にもとづいて相談活動を行うということである。相談者のニーズに合わせて相談を行うことはもちろんだが、ともすれば悪しきパターナリズムに陥りかねない支援の場においては、相談者を管理したり束縛したりすることがないように常に気をつけなくてはならない。現在、もやいでは相談に来て生活保護などの公的制度を利用した方に対して、その後の経過を確認するなどのアフターフォローを行っているが、これは、たとえば生活保護の申請をしたあとになって不利益となる扱いを受けるケースがあることからも——少なくとも「支援」をする側の観点からは——、必要な対応である。また、障害や病気によって、独りでできることが限られている人がおり、相談以上のなんらかの手助けが必要な人がいることも事実である。しかしながら、これらのような働きかけ自体、相談者にとっての負担やプレッシャーにもつながりかねない側面もある。相談に来た方にとって足枷とならないような「つながり」のあり方を模索すること、これがもやいの生活相談が常に向き合わなくてはならない課題の一つである。

　　　　　　　（結城　翼〔認定特定非営利活動法人自立生活サポートセンター・もやい
　　　　　　　　生活相談コーディネーター〕）

第2章

もやいの活動から見える貧困
――単純集計・類似調査との比較・相談者の変化

北川由紀彦
放送大学教養学部准教授

1――基本集計および類似データとの比較

　本節では、もやいに相談に訪れる人びと（もやい相談者）の基本属性等に関して単純集計で確認するとともに、もやい相談者がその他の貧困者（貧困に対応する相談機関および施設を利用する人びとを含む）とどのように異なるのか、いくつかの類似調査・統計のデータと比較する。それによって、もやい相談者が貧困者全体のなかでどのような特徴を持ち、どのような位置にある人なのかを明らかにしたい。ここで比較対象として用いるのは、もやい相談者データ（表・グラフ中では「もやい」と表記）のほか、下記の5つの調査・統計である。

① 2008年の末から2009年の初めに東京の日比谷公園に設けられた「年越し派遣村」に支援を求めて訪れた人びとに対して行われた生活相談などの記録（相談票）の内容を分析した調査。表・グラフ中には「派遣村」と記す（元データは、貧困研究会・派遣村データ分析部会2011）。

② 2012年に厚生労働省により行われた野宿者の生活実態調査（全国）。「ホームレスの自立の支援等に関する特別措置法」にもとづき実施されている調査であり、各都市の野宿者概数に応じて設定された人数の野宿者を対象に、質問紙を用いて路上で対面で実施されている。表・グラフ中には「野宿者」と記す（厚生労働省2012）。

③ 2007年に厚生労働省により行われた、いわゆるネットカフェ難民の調査（東京23区および大阪市内）。24時間営業のネットカフェや漫画喫茶の「オールナイト利用者」に質問紙を配布・回収するかたちで実施された調査．表・グラフ中には「ネットカフェ難民」と記す（厚生労働省職業安定局2007）。
④ 路上生活者対策（いわゆるホームレス対策）として行われている東京都内の新型自立支援センター6施設（港寮・文京寮・台東寮・目黒寮・中野寮・足立寮）の事業統計（2014年度実績）[1]。表・グラフ中には「路上生活者対策施設」と記す（特別区人事・厚生事務組合厚生部2015）。
⑤ 東京23区が設置する更生施設8施設（しのばず荘・浜川荘・本木荘・淀橋荘・千駄ヶ谷荘・新塩崎荘・塩崎荘・けやき荘・東が丘荘）の利用者の事業統計（2014年度実績）。表・グラフ中には「更生施設」と記す（特別区人事・厚生事務組合厚生部2015）。

(1) 性別：８５％が男性

まず、それぞれの調査対象となった人びとの性別を見ておく（**表2-1**）。なお、もやい以外の調査では「その他」は集計カテゴリーとして設定されていない。いずれの調査でも、男性が圧倒的多数を占めている。相対的に女性が多いのは、「ネットカフェ難民」（17.4％）、「もやい相談者」（13.9％）である。なお、「路上生活者対策施設」「更生施設」は、施設環境や定員により利用できる人の性別があらかじめ定められているため、**表2-1**に示した数値が支援を求める人の性別割合そのものを示しているわけではない。

(2) 年齢：40代を頂点としたなだらかな山

次に、それぞれの調査・統計の対象となった人びとの年齢構成を見る（**図2-1**）。「野宿者」と「ネットカフェ難民」は、他調査と比べて全体的に若い人が多いが、「ネットカフェ難民」は20代と50代の2つの山を持つという特徴を示すのに対して、「もやい相談者」にはそのような特徴は見られない。また、「野宿者」では30代と60代という2つの山を持っており、最も高齢

表 2-1　性別

	もやい	ネットカフェ難民 [2]	派遣村	野宿者	路上生活者対策施設 [3]	更生施設 [4]
男性	2,793 85.5%	82.6%	307 98.1%	1,241 95.5%	1,571 100.0%	504 85.6%
女性	458 13.9%	17.4%	6 1.9%	59 4.5%	0 0.0%	85 14.4%
その他	16 0.5%					
合計	3,267		313	44	1,571	589

〔出典〕筆者作成。

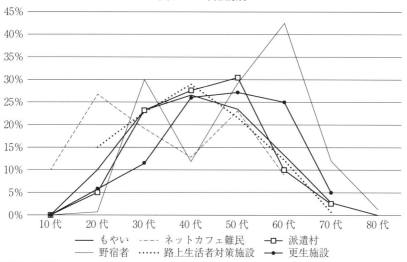

図 2-1　年齢構成

凡例：もやい／ネットカフェ難民／派遣村／野宿者／路上生活者対策施設／更生施設

〔出典〕筆者作成。

表 2-2　相談時の居所

	居宅			不安定居住					野宿	その他	合計
	実家・家族宅	持家（本人の）	借家（本人の）	知人宅	寮・飯場	施設	ゲストハウス	ネットカフェ・サウナ・喫茶店・ホテル・ドヤ			
もやい	214 6.9%	37 1.2%	752 24.4%	190 6.2%	57 1.8%	245 7.9%	48 1.6%	480 15.6%	1,034 33.5%	28 0.9%	3,085 100.0%
派遣村	3 1.5%			12 6.1%	3 1.5%			52 25.8%	111 60.6%	3 1.5%	196 100.0%

〔出典〕筆者作成。

第 2 章　もやいの活動から見える貧困

層が多いのは「野宿者」である。「路上生活者対策施設」と「更生施設」は両方とも入居型の施設であるが、「路上生活者対策施設」は、就職による自立をめざす自立支援事業の比重が高いため、生活保護の適用を受けて利用する「更生施設」よりも年齢層が低くなっている。

(3) 居所：4割が「居所なし」だが「居宅」も3割ほど

ここからは、類似データとの比較については、もやいのデータと比較可能な項目がある調査・統計のみを抜き出してその違いを見ていく。

まず、相談時の居所については、「もやい」では、「野宿」が33.5％、「居宅」が32.5％、「ネットカフェ・サウナ・喫茶店・ホテル・ドヤ」「施設」「知人宅」「寮・飯場」などの「不安定居住」が合わせて33.1％で、「野宿」「居宅」「不安定居住」がそれぞれ3分の1という構成になっている。これに対し「派遣村」では、派遣村に来る直前の居所は「野宿」が6割、次いで「ネットカフェ・サウナ・喫茶店・ホテル・ドヤ」が25％強となっている[5]（**表2-2**）。派遣村相談者の野宿や不安定居住率の高さは、派遣村が住まいを喪失した人の避難・宿泊場所として開設されたことのあらわれと読むことができるし、逆にもやいは、住まいがあっても何らかの生活困難に直面した人の窓口として機能しているともいえる。

(4) 現職の有無・就労形態：「あり」は2割、非正規雇用が中心

初回相談時点での仕事（現職）の有無については、「もやい」では「あり」が2割強となっているのに対し、「野宿者」では6割強となっていた（**表2-3**）。また、「あり」の人の就労形態については、正規雇用はおよそ5％、自営業・役員と合わせても1割程度で、日雇いやアルバイト・パート、派遣などの非正規雇用や都市雑業が大半を占めていることがわかる（**図2-2**）。なお、図表には示していないが、「野宿者」の現職（複数回答）で最も多く挙げられたのは「廃品回収（アルミ缶・ダンボール・粗大ゴミ・本集め）」で77.7％、それ以外では「建設日雇」が9.0％、「その他雑業（看板持ち・チケットならび・雑誌の販売など）」が3.1％などとなっており、「野宿者」の場合は「仕事がある」とはいってもより不安定で低収入の仕事が大半を占めている。

表2-3 現在（相談時・調査時）の仕事の有無

	なし	あり	合計
もやい	2,200 76.9%	661 23.1%	2,861 100.0%
野宿者	531 39.6%	810 60.4%	1,341 100.0%

〔出典〕筆者作成。

図2-2 現職の就労形態（もやい）(n=522)

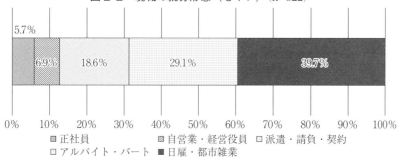

正社員 5.7%　自営業・経営役員 6.9%　派遣・請負・契約 18.6%　アルバイト・パート 29.1%　日雇・都市雑業 39.7%

〔出典〕筆者作成。

図2-3 直前職の就労形態

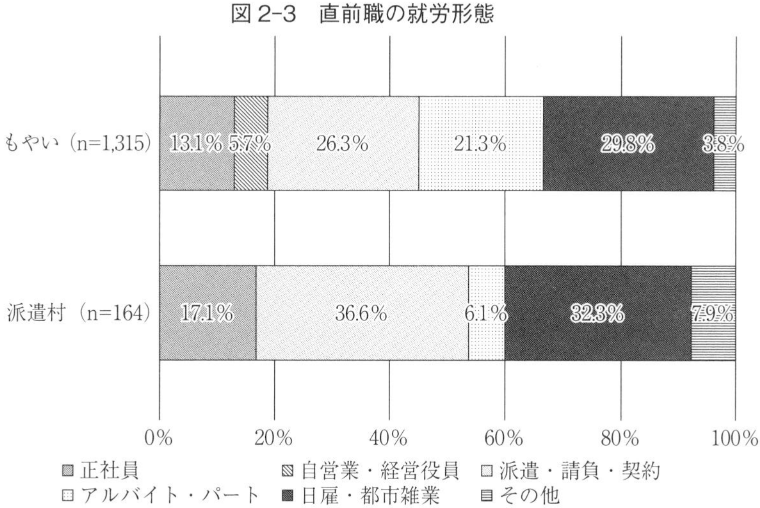

もやい (n=1,315): 正社員 13.1%　自営業・経営役員 5.7%　派遣・請負・契約 26.3%　アルバイト・パート 21.3%　日雇・都市雑業 29.8%　その他 3.8%

派遣村 (n=164): 正社員 17.1%　派遣・請負・契約 36.6%　アルバイト・パート 6.1%　日雇・都市雑業 32.3%　その他 7.9%

〔出典〕筆者作成。

第2章　もやいの活動から見える貧困

(5) 直前職の就労形態：非正規雇用が8割

一方、直前職（相談に来る直前までしていた仕事）の就労形態（および「派遣村」の場合の直前職）は図2-3のとおりである。先の現職と比較すると、「正社員」の割合がやや高くなっているが、それでも非正規の割合は8割近くになっている。また、非正規の内訳では、「派遣・請負・契約」のかたちで就労していた人が「もやい」では26.3％であるのに対し、派遣村では36.6％となっており、「派遣村」にやや多いことがわかる。派遣村は2008年末にリーマンショックの影響で「派遣切り」に遭った人を主に想定して設けられた取り組みであったが、実際にそのような人にある程度利用されたということであろう。一方、「アルバイト・パート」のかたちで就労していた人は、「もやい」では21.3％であるのに対し「派遣村」では6.1％と、「もやい」のほうが多くなっている。

(6) 所持金：9割以上が5万円未満

初回相談時点での所持金（「もやい」および「派遣村」）は、表2-4のとおりである。「もやい」「派遣村」とも、5万円未満が9割以上を占めている。さらに、所持金が0円であったのは、「派遣村」では利用者の68.8％、もやいでは相談者の12.2％にあたり、派遣村利用者のほうがより困窮した状態にあったことがわかる。なお、もやい相談者の平均値は2万2405円、中央値は1598円であった。

(7) 疾病：少なくとも5割以上に疾病あり

相談時の疾病状況は表2-5のとおりである。ここでの「疾病」の有無・種類は、医師による診断の有無にかかわらず、相談時に本人が申告したものを分類して記録している。したがって、実は疾病を患っていたとしても本人による申告がなければ記録されないし、逆に、疾病がなかったためにそのことについてとくに言及がなかったことから、結果的に「不明」となっている可能性もある。それらの点をふまえたうえで、控えめに見積もった場合（中列の「％」）には少なくとも5割以上に疾病があり、4割の人が身体的な疾病を、

表2-4 所持金

	0円	1〜999円	1,000〜4,999円	5,000〜9,999円	1万〜19,999円	2万〜4万9,999円	5万〜9万9,999円	10万円〜	合計
もやい	137 12.2%	332 29.6%	262 23.4%	92 8.2%	81 7.2%	112 10.0%	61 5.4%	45 4.0%	1,122 100.0%
派遣村	86 68.8%	30 24.0%	8 6.4%					1 1.6%	125 100.0%

〔出典〕筆者作成。

表2-5 疾病状態

	度数	%	有効%
身体	1,081	32.9	46.6
精神	505	15.4	21.8
両方	234	7.1	10.1
なし	499	15.2	21.5
合計	2,319	70.6	100.0
不明	967	29.4	
合計	3,286	100.0	

〔出典〕筆者作成。

2割以上の人が精神的な疾病を患っているということになる。また、記録上で疾病の有無・種類が明確に把握できている分（右列の「有効%」）についていうと、およそ8割がなんらかの疾病を患っていることがまず確認できる。また、（「両方」も計上すると）およそ5割以上の人が身体的な疾病を患っていること、また3割以上が精神的な疾病を患っていることがわかる。なお、疾病と貧困の関係としては、疾病によって働けなくなるなどして困窮に至った場合と、困窮状態のもとで罹患した（医療機関を十分に受診できずに治療ができていない）場合の両方が考えられる。

(8) 相談に至る状況：少なくとも3割が他機関に相談

もやい相談者がもやいに相談に訪れる以前に他の相談機関や団体に相談した経験の有無およびその内訳は**表2-6**と**表2-7**のとおりである。必ずしも十

分に聴き取り・記録できているわけではないが、少なく見積もっても3割弱の人はもやい相談前に他に相談をしていることがわかる。また、その内訳では、福祉事務所が圧倒的に多く、「相談あり」のうちの4割、次いでその他の「民間団体」が2割、「ハローワーク」が6％などとなっている。

また、それぞれの相談先での対応は図2-4、図2-5のとおりである。福祉事務所相談ケースでは、そもそも生活保護の申請自体を事実上させない、いわゆる「水際作戦」のような対応をされて制度利用に至らなかったケースが7割近くを占めており、生活保護や自立支援事業などの制度利用に至ったケースは1割程度にとどまっている。もやい相談者は、制度利用に至らず困窮状態から抜けられなかったからこそもやいを訪れていると考えられるので、福祉事務所の相談対応全般において「水際作戦」などの対応が7割近い率で行われているとまではいえないだろうが、そうした対応がある程度の厚みをもって行われていること自体は指摘しておかねばならない。また、他の民間団体に相談した人のうちでは、その団体のサポートを受けた人が36％ほどいる一方で、もやいを紹介されたケースも46％ほどいる。

(9) 基本集計および比較のまとめ

他の類似した貧困関連調査・統計ともやい相談者を比較して指摘できるのは、下記の5点である。

① 5つの調査・統計ではいずれも男性が圧倒的多数を占めているが、ネットカフェ難民ともやい相談者では女性が相対的に多い（1割強）。
② 年齢層では、もやい相談者とネットカフェ難民が比較的若く、野宿者は高齢である。
③ もやい相談者と最も類似しているのは、同じく相談機関であった派遣村を利用した人である。
④ もやい相談者と派遣村利用者を比べると、派遣村利用者のほうがより困窮した状態にあることがうかがわれる。
⑤ もやい相談者と野宿者を比べると、野宿者のほうが高齢でより困窮した状態にある。しかし、野宿者のほうが仕事をしている割合が高いのは、少額ではあれ一定の収入を見込むことができなければ、野宿生活を続け

表 2-6　もやい相談以前の相談経験の有無

	度数	%	有効%
なし	361	11.0	28.0
あり	926	28.2	72.0
計	1,287	39.2	100.0
不明	1,999	60.8	
合計	3,286	100.0	

〔出典〕筆者作成。

表 2-7　もやい相談以前の相談先の内訳（複数回答）

	度数	「相談経験あり」に対する%
ハローワーク	78	6.1
福祉事務所	515	40.0
民生委員	3	0.2
民間団体	248	19.3
その他	143	11.1
「相談経験あり」総数	1,287	100.0

〔出典〕筆者作成。

図 2-4　もやい相談以前の窓口での対応：福祉事務所（n=446）

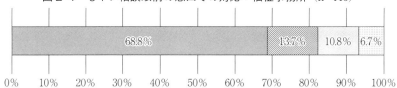

■ 制度利用に至らず（水際・誘導、社会福祉協議会の利用も含む）
▨ 利用条件を満たさず　□ 生活保護／自立支援事業利用　□ 本人の意思で帰る・辞退

〔出典〕筆者作成。

図 2-5　もやい相談以前の窓口での対応：他の民間団体（n=182）

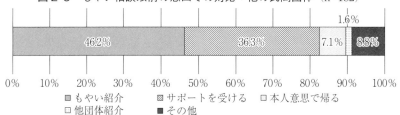

■ もやい紹介　▨ サポートを受ける　□ 本人意思で帰る
□ 他団体紹介　■ その他

〔出典〕筆者作成。

ていくこと自体が難しいからであろう。

一方、もやい相談者は、実際の困窮度合いにかかわらず、「相談したいことがある」人であるという違いを指摘することができるだろう。

2――相談者の変化

次に、相談のためにもやいを初めて訪れた時期によって相談者の傾向に変化があるのかどうかを見ていく。

(1) 年齢層はほぼ一定の傾向　ただしリーマン・ショックの影響あり

まず、初回相談年ごとの人数および平均年齢は表2-8、図2-6のとおりである。リーマン・ショック翌年の2009年から2010年にかけて相談者数が急増していることや、平均年齢は（年によってややばらつきはあるものの）40代中盤でほぼ一定していることがわかる。また、初回相談年ごとの年齢構成（1ケースのみであった2006年は除いている）を比べてみると、ほとんどの年でおおむね30代から40代を頂点とした山型の構成になっていることや、2010年にやや50代の割合が高まっていたことが読み取れる。

(2) 性別割合もほぼ一定

また、初回相談年ごとの性別を示したのが図2-7である。2009・10年にかけて男性の相談者が急増したことがわかる。2008年秋のリーマン・ショックに端を発する世界同時不況によって多くの非正規労働者が仕事と住まいを失った。こうした状況のもと、2008年末から2009年初めにかけて、当時もやいの事務局長であった湯浅誠が村長となって「年越し派遣村」という取り組みが実施された。この取り組みを報じるマスコミ報道の影響もあってもやいの活動が広く認知されるようになった結果、「野戦病院」と表現されるような相談者の殺到という現象が生じた（たとえば、富樫匡孝2012、大西連2014）。言い換えれば、世界同時不況による失業者・生活困窮者の大量出現と、もやいの社会的な認知度の急激な上昇という2つの要因によって相談者が急増したのが、この2009・10年という時期と考えられる。このことをふ

表 2-8 初回相談年ごとの相談件数（人数）と平均年齢

初回相談年	人数	平均年令	標準偏差
2006	1	25.00	.
2007	167	46.53	13.976
2008	286	44.44	12.243
2009	875	45.35	11.782
2010	534	47.67	12.207
2011	361	46.62	12.719
2012	325	45.38	13.507
2013	259	45.45	13.632
2014	312	45.75	13.651
合計	3,120	45.92	12.693

〔出典〕筆者作成。

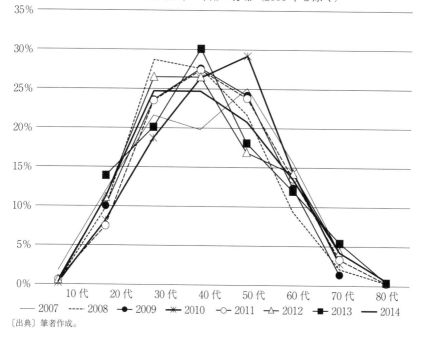

図 2-6 初回相談時の年齢の分布（2006 年を除く）

〔出典〕筆者作成。

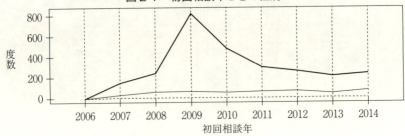

図 2-7 初回相談年ごとの性別

〔出典〕筆者作成。

表 2-9 初回相談年ごとのもやいの認知経路（複数回答）

	友人	支援者	テレビ・ラジオ・新聞	本・雑誌	パンフレット・ビラ	インターネット	公的機関	路上の友人	その他	ケース数
2008年以前	21 30.9%	20 29.4%	5 7.4%	0 0.0%	6 8.8%	1 1.5%	4 5.9%	4 5.9%	7 10.3%	68
2009・10年	223 20.9%	178 16.7%	70 6.6%	30 2.8%	60 5.6%	135 12.6%	26 2.4%	323 30.2%	30 2.8%	1,068
2011年以降	205 25.5%	134 16.7%	48 6.0%	45 5.6%	18 2.2%	201 25.0%	32 4.0%	75 9.3%	95 11.8%	803

※ ％は各時期の有効ケース数に対する％。
〔出典〕筆者作成。

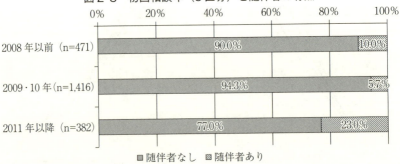

図 2-8 初回相談年（3 区分）と随伴者の有無

〔出典〕筆者作成。

まえ、以下の分析では、相談時期の区分として2009・10年とその前後（2008年以前、2011年以降）の3区分を用いていく。

(3) もやいの認知度はネットを通じて向上

具体的に誰・何を通じてもやいを知ったのかを見てみると、2009・2010年には「路上の友人」を挙げた人は3割で最も多い。これはのちにふれるように、この時期に野宿状態からもやいに相談に訪れる人が急増したこととも関連していると考えられる。一方で、2008年以前と2011年以降とに注目した場合の傾向では、「友人」や「支援者」を挙げる人の割合が減少する一方で、「インターネット」の割合が増加し、2011年以降では「友人」とならんでおよそ25％となっている（**表2-9**）。ただ、**図2-8**に示すように、相談時に随伴者がいる人は増加する傾向にあるので、"孤立した状態で相談に訪れる人が増えている"のではなく、端的にインターネットを通じたもやいの認知度が上昇していると解したほうがよさそうである。なお、その背景としては、インターネット利用率一般が増加したこと[6]や、もやいのwebサイト自体が広報活動強化の一環としてコンテンツの豊富化や構成の見直しによるアクセシビリティの向上（たとえば2014年頃よりスマートフォンに対応）を進めてきたことを挙げることができるだろう。

(4) 随伴者は増加傾向

誰かに付き添われて相談に訪れたかどうか（随伴者の有無）は、2009・2010年を除けば、「あり」が増加傾向にある（**図2-8**）。なお、随伴者のなかには友人・恋人などもともと知り合いであった人と、野宿者支援団体や社会福祉協議会の関係者など、組織の一員として相談者をもやいに紹介した人の両方が含まれるが、いずれにしても、完全に孤立した状態で相談に訪れる人はやや減りつつあるということでもある。

(5) 相談者の性別比はほぼ一定

性別構成の変化を示したものが**図2-9**である。2009・10年に男性が突出して増加したために女性比率が下がっているが、その時期を除くと、男性8割、

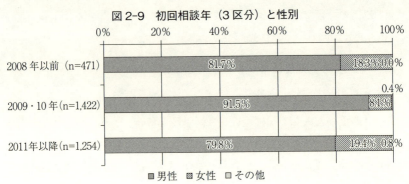

図2-9 初回相談年(3区分)と性別

表2-10 初回相談年(3区分)と相談時の居所

	居宅			不安定居住						野宿	その他	合計
	実家・家族宅	持家(本人の)	借家(本人の)	知人宅	寮・飯場	施設	ホテル・ドヤ	ゲストハウス	ネットカフェ・サウナ・喫茶店			
2008年以前	36 8.6%	6 1.4%	156 37.1%	24 5.7%	9 2.1%	55 13.1%	25 6.0%	5 1.20%	29 6.9%	73 17.4%	2 0.5%	420 100.0%
2009・10年	48 3.5%	10 0.7%	234 17.2%	70 5.2%	25 1.8%	77 5.7%	64 4.7%	21 1.50%	141 10.4%	660 48.6%	8 0.6%	1,358 100.0%
2011年以降	126 10.5%	18 1.5%	323 26.8%	89 7.4%	19 1.6%	99 8.2%	75 6.2%	22 1.80%	133 11.0%	283 23.5%	17 1.4%	1,204 100.0%
合計	210 7.0%	34 1.1%	713 23.9%	183 6.1%	53 1.8%	231 7.7%	164 5.5%	48 1.6%	303 10.2%	1,016 34.1%	27 0.9%	2,982 100.0%

〔出典〕筆者作成。

女性2割という割合はほぼ一定している。

(6) 相談時居所：野宿の割合が増加傾向

相談時の居所は表2-10のとおりで、2009・2010年に「野宿」の割合が一

時的に急増しているが、その前後で比較しても「野宿」の割合は増加傾向にあるほか、「ネットカフェ・サウナ・喫茶店」の割合も増加傾向にある。ただし、「ホテル・ドヤ」ほかのカテゴリーと合わせた「不安定居住」としての割合は2008年以前が35.0％，2011年以降が36.2％で極端に増加したわけではない。「施設」の割合がやや低下しているのは、本書【コラム①】でもふれられているように、もやいの事業が多様化（設立時からの事業である、自立支援センター入所者などのアパート入居支援・保証人提供事業に、施設以外にいる人も対象とした生活相談・支援事業などが加わる）してきたことや、野宿状態からの生活保護申請が2008年末の「年越し派遣村」の前後から拡大し、もやいもその窓口の一つとなってきたことも影響していると考えられる。一方で、「借家」割合は低下傾向にあり、「実家・家族宅」「持ち家」と合わせた「居宅」の割合も2008年以前には47.1％であったものが、2011年以降では38.8％に低下している。もやいが事業を通じて担ってきている様々な機能のうちでも、住居や生活に関して急迫した人びとの相談窓口という機能がより比重を増すようになってきたと考えることができるだろう。

(7) 現職「なし」が増加、非正規割合は変わらず

また、初回相談時の現職の有無および「あり」の場合の就労形態は図2-10、図2-11のとおりである。有無では「なし」の割合が増加傾向にあり、また、その就労形態では「日雇・都市雑業」が減少する一方で「アルバイト・パート」の割合が増加傾向にある。ただし、非正規雇用全体の割合は2008年以前、2011年以降ともおよそ8割5分で、大きな変化はない。他方、「正社員」が微減した代わりに「自営業・経営役員」が微増している。ここでの「自営業・経営役員」の具体的な職種として挙がっているのは、左官や電気工事などのいわゆる「一人親方」に近い仕事や不動産仲介のほか、フリーライターや翻訳業、イラストレーター、音楽の講師などのいわゆる「フリーランス」である。こうした「フリーランス」の仕事は、専門職能が要求される一方で仕事の受注状況による浮き沈みが激しい。むろん、こうした「フリーランス」の仕事すべてが生活困窮に至るリスクが高いとまでは言えないが、「雇用関係によらない働き方」の一つとして政府が注目しているところでも

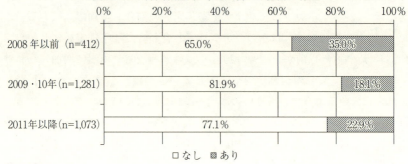

図2-10 初回相談年（3区分）と現職の有無

- 2008年以前（n=412）: なし 65.0% / あり 35.0%
- 2009・10年（n=1,281）: なし 81.9% / あり 18.1%
- 2011年以降（n=1,073）: なし 77.1% / あり 22.9%

〔出典〕筆者作成。

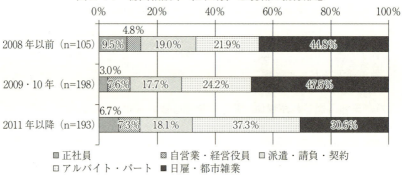

図2-11 初回相談年（3区分）と現職の就労形態

- 2008年以前（n=105）: 正社員 4.8% / 自営業・経営役員 9.5% / 派遣・請負・契約 19.0% / アルバイト・パート 21.9% / 日雇・都市雑業 44.8%
- 2009・10年（n=198）: 3.0% / 7.6% / 17.7% / 24.2% / 47.5%
- 2011年以降（n=193）: 6.7% / 7.3% / 18.1% / 37.3% / 30.6%

■正社員　■自営業・経営役員　■派遣・請負・契約　■アルバイト・パート　■日雇・都市雑業

〔出典〕筆者作成。

表2-11 初回相談年（3区分）と現職の職種

	事務・教育・専門職	製造業	運輸・運送・ポスティング	警備	建築・設備・土木	清掃	販売・サービス	介護	性産業・風俗・売春	古紙回収・段ボール集め・空き缶拾い	ビッグイシュー販売	日雇い・日払い	派遣・契約・アルバイト	その他	合計
2008年以前	11 9.1%	10 8.3%	20 16.5%	7 5.8%	13 10.7%	12 9.9%	24 19.8%	3 2.5%	0 0.0%	6 5.0%	2 1.7%	5 4.1%	6 5.0%	2 1.7%	121 100.0%
2009・10年	18 9.7%	9 4.9%	22 11.9%	7 3.8%	19 10.3%	11 5.9%	15 8.1%	2 1.1%	4 2.2%	21 11.4%	12 6.5%	18 9.7%	22 11.9%	5 2.7%	185 100.0%
2011年以降	30 13.8%	9 4.1%	18 8.3%	6 2.8%	11 5.1%	17 7.8%	49 22.6%	2 0.9%	3 1.4%	12 5.5%	10 4.6%	13 6.0%	34 15.7%	3 1.4%	217 100.0%
合計	59 11.3%	28 5.4%	60 11.5%	20 3.8%	43 8.2%	40 7.6%	88 16.8%	7 1.3%	7 1.3%	39 7.5%	24 4.6%	36 6.9%	62 11.9%	10 1.9%	523 100.0%

〔出典〕筆者作成。

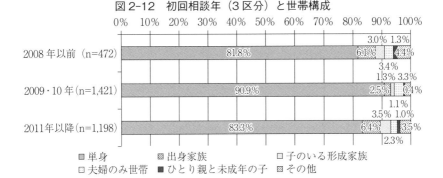

図2-12 初回相談年（3区分）と世帯構成

〔出典〕筆者作成。

あり（たとえば経済産業省2017）今後拡大する可能性もあるため、注意を払っておきたいところである。

(8) 職業の変化：不安定職が増加

もやい相談時の仕事（現職）の種類の変化は、**表2-11**のとおりである。「製造業」「運輸・運送・ポスティング」「建設・設備・土木」「清掃」などの明確なブルーカラー職種は減少傾向にある。「販売・サービス」職は微増傾向にあるが、それ以上に「日雇い・日払い」や「派遣・契約・アルバイト」のような、職種の特定がしづらい不安定職の割合が増加傾向にある。先に見たように、就労形態における不安定雇用の割合自体はほぼ一定しているので、不安定な雇用形態で様々な仕事に派遣されるなどして働いている人が増えていると解釈できるだろうか。

(9) 世帯構成：単身世帯が8割以上でほぼ一定

世帯構成では、2009・2010年に単身世帯が10ポイントほど増加しているが、それ以外の時期でも単身世帯が8割以上となっており、大きな変化は見られない（**図2-12**）。

第2章　もやいの活動から見える貧困　43

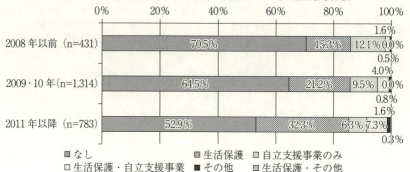

図2-13 初回相談年（3区分）と過去の公的支援利用経験

〔出典〕筆者作成。

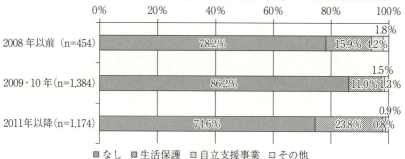

図2-14 初回相談年（3区分）と現在（初回相談時点）の公的支援利用状況

〔出典〕筆者作成。

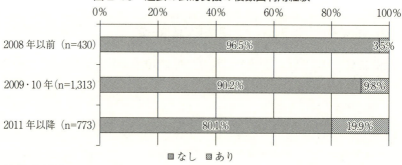

図2-15 過去の公的支援の複数回利用経験

〔出典〕筆者作成。

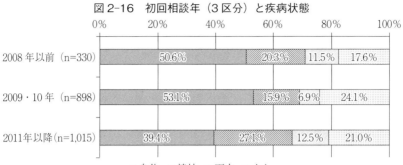

図 2-16 初回相談年（3 区分）と疾病状態

〔出典〕筆者作成。

表 2-12 初回相談年（3 区分）と服役経験

	服役経験あり	服役経験なし	不明	総ケース数	総ケース数に占める「あり」の割合
2008 年以前	15	0	457	472	3.2%
2009・10 年	64	1	1,357	1,422	4.5%
2011 年以降	68	11	1,191	1,270	5.4%
合計	147	12	3,005	3,164	4.6%

〔出典〕筆者作成。

(10) 公的支援の利用経験：生活保護の利用経験者・利用者が増加、複数回利用者も増加

　また、過去に公的支援を利用した経験については、なんらかの利用経験がある人が増加する傾向にあり、最近では半数近くになっている。また、利用経験のある支援の種類としては生活保護が増加傾向にあるのに対し、自立支援事業の利用経験は 12 〜 13％台でほぼ一定している（**図 2-13**）。

　さらに、相談時点での公的支援の利用状況（**図 2-14**）についても、生活保護の利用者の割合は増加傾向にあり、2011 年以降では 4 分の 1 弱となっている。こうした変化は、2000 年代後半の反貧困運動の広がりや 2008 年末の「年越し派遣村」の取り組みなどを通じて、生活保護申請におけるいわゆる「水際作戦」などの不当な対応が減り、生活保護が相対的に活用しやすくなったことも影響していると考えられる。ただし、過去の生活保護利用経験の

上昇もふまえると、生活保護を利用しても生活困窮状態から十分に脱せられないでいる、あるいは生活保護だけでは解決できない生活問題に直面している人の相談が増加しているということでもある。

さらに、過去の公的支援の利用経験が複数回あるかどうか（相談時点で利用中の支援があった場合はそれを含まないで2回以上）は、図 2-15 のようになっている。利用経験がある人が増加傾向にあるだけでなく、複数回の利用経験がある人も増加傾向にあることがわかる。

(11) 疾病：精神的な疾患は増加傾向

相談時の（自覚）疾病状態では、2008年以前と2011年以降とを比較すると「なし」がやや増加している（図 2-6）。ただし、「あり」の疾病の内訳の変化では、身体的な疾患の割合が減少傾向にある一方で、精神的な疾患が増加傾向にある。

(12) 服役経験：やや増加傾向

近年、刑務所などの矯正施設から出所した人が住居や仕事を確保することができずに生活困窮に至っていることや、それゆえの継続的な出所者支援に注目がなされるようになってきている（たとえば水野有香編 2016）。今回分析の対象とした相談者データでは、刑務所の服役経験についても相談記録から把握可能な限りでデータ化している。ただし、服役経験の有無はあくまでも相談の過程で相談者が明確にその有無について語った場合のみを記録しているため、大半は服役経験「不明」となっている。そもそも服役経験がないから相談のなかでわざわざ言及しない、という人もいるし、経験があったとしても、とくに話す必要がなければ語らないのが一般的でもあるだろう。したがって、ここで示す「服役経験あり」の人数は、少なく見積もってもこれだけいる、という人数と考えたほうがよい。そのことをふまえたうえで、その経年変化を見たものが表 2-12 である。「服役経験あり」の割合は、相談者全体のなかでは少数ではあるが、じわりと増加傾向にあることがうかがえる。もやいが時間の経過とともにより多様な生活困窮者の相談窓口となってきたということの一端が、ここにも表れている。

3──経年変化のまとめ──困難度が高まる相談者

 ここまで、もやい相談者の傾向にどのような変化が生じているのかを検討してきた。それらをまとめると次のようになる。もやい相談者では、リーマン・ショック後の2009・2010年に、30代から50代の、とくに「居所なし」の男性が急増するという現象が見られた。他方、この時期を除いてその前後の変化に注目すると、年齢、性別構成、世帯構成には大きな変化は見られなかった。他方、相談時に野宿であったり、ネットカフェなどに身を寄せていたりする人は増加する傾向にある。また、相談時の現職でも「なし」の割合が増加傾向にあり、相談時の所持金額も低下傾向にあった。さらに、相談時の健康状態としては、「疾病なし」の割合が微増傾向にある一方で、精神的な疾病を患っている人は増加する傾向にあった。こうした変化からは、経済面あるいは精神的な面で生活困難の程度がより高い人が相談に訪れるようになってきているということができるだろう。また、もやい来所以前の公的支援の利用経験では、とくに生活保護の利用経験がある人が増加傾向にあり、相談者の半数近くになっている。また、過去の公的支援の利用回数が複数回である人の割合も増加傾向にある。

 こうした変化は、生活保護の「入り口」部分が相対的に広がった一方で、既存の公的支援が十分に対応できていない人、さらにはその結果として制度利用を繰り返す（繰り返さざるを得ない）人が増えていることを意味していると考えられる。もやいの創立メンバーの一人である湯浅誠が生活保護の活用手引書（湯浅2005）を著した頃から、路上からの生活保護の集団申請行動（ホームレス総合相談ネットワーク2009、戸叶2008）、「年越し派遣村」の取り組み（宇都宮・湯浅編2009、年越し派遣村実行委員会編2009）などを経て、年齢や稼働能力にかかわらず生活困窮者の生活再建のリソースとして生活保護を積極的に活用しようという動きが広がってきた（もやいの活動もその一部をなしているといってよいだろう）。そのこと自体の意義は最大限に評価されるべきであるが、同時にもやいの相談者の公的支援制度とのかかわりの変化は、生活保護やその他の公的支援がその人の生活再建や自立生

活の維持のために十分に機能しなかった人が増えていることを意味していると考えてよいだろう。

このことは2つの可能性を示唆する。1つ目は、既存の公的支援自体がその機能を低下させている——たとえるならば、制度の網の目が粗くなっている——という可能性である。もう1つは、もやいも含め生活困窮者を支援する（公的支援につなぐ）間口が広がり、公的支援の利用者の裾野が（量的にも質的にも）広がったことにともない、そもそも既存の制度では十分に対応しきれないニーズを持った人が制度を利用することも増えたために、結果的にふるい落とされる人の数も増加した——たとえるならば、制度の網の目の大きさは変わっていないが、網で掬おうとする対象が増えたことで網の目から漏れる対象も増えた——という可能性である。現実には公的な支援制度の種類も運用も変化してきているし、制度の利用者もまったく不変ということはあり得ないから、単純に二者択一的な結論を導くことはできないだろうが、公的な支援と利用者のニーズとの間にどのような齟齬が生じているのかを明らかにしていくことは、今後より重要になっていくだろう。

注）

[1]　東京の「新型自立支援センター」は、従来の「緊急一時保護センター」の機能と「自立支援センター」の機能の両方を併せ持つ。ここでは、「新型」の入所者が必ず利用することになっている「緊急一時保護センター」事業の入所者データを参照する。

[2]　『住居喪失不安定就労者等の実態に関する調査報告書』には、ネットカフェ難民に相当する人々の実数が記載されておらず、割合のみの表示であるため、表の実数値は空欄としている。

[3]　2014年度の入所者数。

[4]　2014年度末（2015年3月31日）の在所者数。

[5]　「年越し派遣村相談票データから見えてくること」の直前居所の区分は、「野外・公園」「駅・車中」はもやいの居所区分にあわせて「野宿」とし、もやいの「ネットカフェ・サウナ・喫茶店」「ホテル・ドヤ」は統合して1区分とした。その他、派遣村のデータでは、「持家」「施設」「ゲストハウス」の区分はなかった。

[6]　総務省の「通信利用動向調査」結果によれば、インターネットを利用する個人の割合は2009年78.0％から2014年82.8％に上昇している（総務省2017）。

〈参考文献〉

ホームレス総合相談ネットワーク、2009、『路上からできる生活保護申請ガイド』ホームレス総合相談ネットワーク。
宇都宮健児・湯浅誠編、2009、『派遣村——何が問われているのか』岩波書店。
戸叶トシ夫、2008、「東京東部地域での生活保護集団申請の取り組みの報告　貧乏なやつらが集まってフガフガやってるみたいだな」『Shelter-less』(35)：66～75頁。
経済産業省、2017、『「雇用関係によらない働き方」に関する研究会 報告書』。
厚生労働省職業安定局、2007、『住居喪失不安定就労者等の実態に関する調査報告書』。
水野有香編、2016、『地域で支える出所者の住まいと仕事』法律文化社。
大西連、2014、「もやいの相談から見えてきたもの」特定非営利活動法人自立生活サポートセンター・もやい生活相談データ分析プロジェクト編『もやい生活相談データ分析報告書』5～9頁。
湯浅誠、2005、『あなたにもできる！本当に困った人のための生活保護申請マニュアル』同文舘出版。
特別区人事・厚生事務組合厚生部、2015、『更生施設　宿所提供施設　宿泊所　路上生活者対策施設　事業概要　平成27年度』。
年越し派遣村実行委員会編、2009、『派遣村——国を動かした6日間』毎日新聞社。
貧困研究会・派遣村データ分析部会、2011、「年越し派遣村相談票データから見えてくること」『貧困研究』(7)：139～151頁。
富樫匡孝、2012、「野戦病院化と綻びるつながり　リーマン・ショックと派遣村」自立生活サポートセンターもやい編『貧困待ったなし！とっちらかりの10年間』岩波書店、104～121頁。
総務省、2017、「平成28年通信利用動向調査の結果」（http://www.soumu.go.jp/johotsusintokei/statistics/data/170608_1.pdf，2017年11月11日取得）。

第Ⅱ部
貧困のかたち
――もやい相談者の実像――

第3章

「ホームレス問題」の多様性
── 「広義のホームレス」の実態と福祉制度

後藤広史

日本大学文理学部准教授

はじめに

　いわゆる「ホームレス問題」が社会問題化した背景には、可視的な意味でのホームレス状態にある人々、すなわち路上生活者（以下、「狭義のホームレス」）の増加があった。時は1990年代初頭のことである。その後2000年代後半になると、メディアでいわゆる「ネットカフェ難民」のことが取り上げられ、不安定な就労に従事している人びとが、インターネットカフェをはじめとした24時間営業の商業施設等で起居している実態が報じられた。厚生労働省（2007年）が行った調査（以下、便宜的に「ネットカフェ調査」）によれば、こうした人びと（「住居喪失不安定就労者」）は全国で5400人（1日ベース）と推計され、20代の若年層が少なくない割合で存在すること、約4割[1]が路上での寝泊まりを経験しており、狭義のホームレス問題と地続きの問題であること等が明らかとなった。その1年後には、40歳未満の若者100名を対象とした「若年不安定就労・不安定住居者聞取り調査」（釜ヶ崎支援機構・大阪市立大学大学院2008）や、東京・神奈川と北九州・福岡のネットカフェ生活者を対象とした調査（ネットカフェ生活者ワーキンググループ2008）が行われている。しかしこうした人びとは、狭義のホームレスと比してその存在が「見えにくい」こともあり、それ以降、本格的な調査は行われておらず、その実態について明らかになっているとは言い難い。

またこの間、ホームレス状態にある人びとに対する福祉制度の評価に関する研究も蓄積されてきたが（山田 2009、阿部 2009）、それらも「狭義のホームレス」との関連で論じられてきたように思われる。

　第2章、第6章、第7章でも述べたように、もやいの生活相談者の件数は、2007年以降から激増した。そのなかには、上述したようなネットカフェ等で生活する人びとも多数含まれている。本章では、これらの人びとを「広義のホームレス」ととらえ、研究の蓄積が乏しいその実態と現行の福祉制度の課題について論じる。

　本章の構成は以下のとおりである。第1節では、本章で用いる広義のホームレスという用語を定義する。第2節では、いくつかの変数を用いて、広義のホームレスの属性を確認する。第3節では、就労状況と性別に着目し、「不安定居住」に至るルートを具体的な相談事例とともに分析する。第4節では、過去の福祉制度、とくに生活保護制度の利用歴に着目し、なぜ生活保護制度を受けたにもかかわらず、広義のホームレスの状態にあるのかを、同じく実際の相談事例とともに見ていく。第5節では、もやいに相談をした後、広義のホームレスがどのような居所の確保に至ったのかを確認する。第6節では、以上をふまえ、現行の福祉制度の課題を広義のホームレスとの関連で論じる。

1 ── 「広義のホームレス」とは誰か

　まず、本章で用いる「広義のホームレス」という用語を定義するために、もやいに相談に訪れた人びとが、その時点でどういった居所にいたのかをいま一度確認してみよう。表3-1 にみるように、狭義のホームレス（「野宿」）のみならず、本章が焦点をあてる広義のホームレスに該当すると思われる人びと（「知人宅」、「ネットカフェ・サウナ・喫茶店」など）や、ホームレス状態に至る前の段階にあると思われる居所（「実家・家族宅」「借家（本人の）」）に居る人びとも相談に訪れていることがわかる。

　本章では、これら相談者の居所を①「居宅」、②「不安定居住」、③「居所なし」の3つに分類し、②「不安定居住」に該当する人々を「広義のホーム

表 3-1 相談時の居所

	度数	%	有効%
実家・家族宅	214	6.5	6.5
持家（本人の）	37	1.1	1.1
借家（本人の）	752	22.9	22.9
知人宅	190	5.8	5.8
寮・飯場	57	1.7	1.7
施設	245	7.5	7.5
ホテル・ドヤ	172	5.2	5.2
ネットカフェ・サウナ・喫茶店	308	9.4	9.4
野宿	1,034	31.5	31.5
ゲストハウス等	48	1.5	1.5
その他	28	.9	.9
不明	201	6.1	
合計	3,286	100.0	

〔出典〕筆者作成。

表 3-2 相談時の居所の3分類

居所分類	内訳
①居宅	実家・家族宅・持家（本人の）・借家（本人の）
②不安定居住	知人宅・寮・飯場・施設・ホテル・ドヤ・ネットカフェ・サウナ・喫茶店・ゲストハウス
③居所なし	野宿

〔出典〕筆者作成。

表 3-3 相談時の居所の3分類の内訳

	度数	有効%
居宅	718	30.5
不安定居住	670	28.4
居所なし	969	41.1
合計	2,357	100.0

〔出典〕筆者作成。

レス」／③「居所なし」に該当する人々を「狭義のホームレス」と定義して分析を進める。それぞれの内訳は**表3-2**のとおりである（**表3-1**のうち「その他」・「不明」は除外）。

なお、相談者のなかには、相談の時点で公的な支援を利用している人びともいた（「生活保護制度」490ケース、「自立支援事業」55ケース、「その他」34ケース）。これらの支援を受けている人びとと、そうでない人びととでは、その属性に大きな違いあると思われるため、本章では、これらの公的支援を受けてないケースに限定して分析を行う。また、現在の公的支援の利用が「不明」の121ケースについても分析から除外した。

以上の限定にしたがって分析の対象となったのは2357ケースである。先の3つの居所分類ごとに度数、割合を示したのが**表3-3**である。「居宅」が718人（30.5％）、「不安定居住」が670人（28.4％）、「居所なし」が969人（41.1％）である。

なお、ここで留意しておく必要があるのは、このデータにおける居所区分は、あくまでも相談日の前日の居所（前夜地）にもとづくものであるという点である。「不安定居住」に分類した人びとは、安定した居所を喪失しているという点は共通しているものの、相談日の前日に不安定居住にあたる場所にたまたま寝泊りしていた場合もあれば [2]、そこでの生活が常態化していた場合もある。しかしそういった期間の問題については、このデータからはわからない [3]。本章でこれから述べる結果は、上述した両方のケースを含むものであることをあらかじめ断っておきたい。

2 ——「広義のホームレス」の属性

まずは広義のホームレスの属性について、**表3-2**で示した3分類間での比較および先行研究で明らかになっていることとの異同を通して確認してみよう。ここで着目するのは、「性別」、「年齢」、「学歴」である。

(1) 住居が不安定になるほど男性の割合が高くなる

図3-1は、「相談時の居所」と「性別」の関係を見たものである。

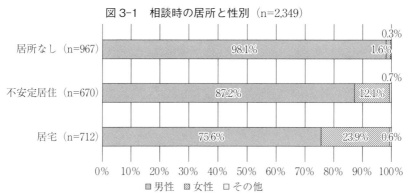

図 3-1　相談時の居所と性別 (n=2,349)

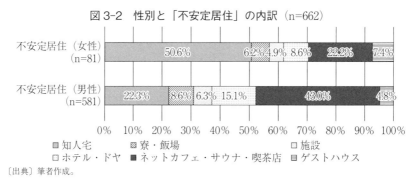

図 3-2　性別と「不安定居住」の内訳 (n=662)

居所が不安定になるほど、女性の割合が低くなり男性の割合が高くなっていることがわかる。女性の方が、居所が不安定になる前の段階で、もやいに相談に訪れる傾向にあることがわかる。

なお、同じ「不安定居住」を居所としているといっても、性別によってその内実が異なる点に注意が必要である。図3-2は、「性別」によって「不安定居住」の内訳がどのように異なるかについてみたものである[4]。

男性の43.0％が「ネットカフェ・サウナ・喫茶店」を居所としているのに対して、女性のそれは22.2％にとどまり、一方で「知人宅」が50.6％となっている。男性と女性でサンプル数がかなり異なるため、結果の解釈には慎重

第 3 章　「ホームレス問題」の多様性　57

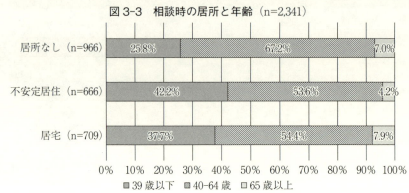

〔出典〕筆者作成。

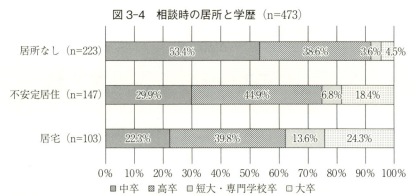

〔出典〕筆者作成。

になるべきであるが、女性のほうが、居所が不安定になってもインフォーマルなネットワークに頼る傾向にあることがここから示唆される。冒頭で広義のホームレスは、居住形態からその存在が見えにくいと述べたが、女性の半数以上が「知人宅」に身を寄せているという結果は、そのことが女性の場合はことさら顕著であるといえよう。

(2) 「不安定居住」と「居所なし」の若年層の割合の差は見られない

次に年齢である。図3-3は、「相談時の居所」と「年齢」の関係を見たも

のである。

相談時の居所別でみた場合、39歳以下の若者の割合が最も高いのは「不安定居住」である（42.2％）。平均年齢で見ても「不安定居住」は43.0歳と最も若い（「居宅」45.0歳、「居所なし」48.1歳）。後でも述べるように、「不安定居住」の約3割が就労をしている。「不安定居住」で寝泊まりしながら就労を（継続）するのは、ある程度の体力が必要であるため、そうしたことがこの結果に表われているものと思われる。ただし、「ネットカフェ調査」における39歳以下の若者の割合は55.4％であり（厚生労働省2007）、それと比較すると、もやいに相談に訪れる「不安定居住」層は、比較的年齢が高いといえる。

(3) 居所が不安定な層ほど、低学歴の割合が増える

もやい相談者の「学歴」が確認できたのは599人と少数であるが、中卒が37.9％、高卒が41.4％、専門学校・短大卒が7.2％、大卒が13.5％であった。一般的な傾向と比べて、かなり学歴が低いことがわかる[5]。この点をふまえ、さらに「相談時の居所」と「学歴」の関係についてみたのが、図3-4である。

「学歴」については欠損ケースが多いため、結果の解釈には留意が必要であるが、図3-4にみるように、居所が不安定な層ほど低学歴の割合が高いことがわかる。「居所なし」は中卒が約5割を占める結果となっている。「不安定居住」については、中卒の割合は3割にとどまるものの、「居宅」と比べると高卒までの割合が高い。とはいえ、「短大・専門学校卒」、「大卒」といった高等教育修了者があわせて25％程度存在することは注目に値する。

3――就労状況と性別に見る「不安定居住」に至るルート

以上のような広義のホームレスの属性をふまえたうえで、「不安定居住」に至るルートについてみてみよう。ここでは彼・彼女らの「就労状況」と、上で述べた「性別」に焦点をあてて分析をする。

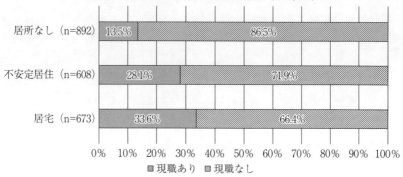

図3-5 相談時の居所と現職の有無（n=2,173）

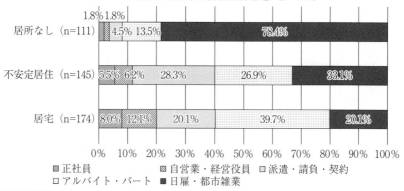

図3-6 相談時の居所と現職就労形態（n=430）

（1） 居所が不安定になると就労形態が不安定になり収入が下がる

 図3-5は、「居所区分」と「現職の有無」の関係について見たものである。「居宅」の33.6％、「不安定居住」の28.1％、「居所なし」の13.5％が「現職あり」である。「居宅」と「居所なし」でその割合が約20％と大きく低下しているが、「居宅」と「不安定居住」ではあまり変わらないことがわかる[6]。この結果だけをみると、「居宅」と「不安定居住」という居所の違いは、就労状況の違いにあまり影響を与えないようにも見える。しかしながら、問題はその内実である。図3-6は、「相談時の居所」と「現職の就労形態」の関

係について見たものである。

　相談時の就労形態について確認できているサンプル数がかなり少ないために、同じく結果の解釈には慎重になるべきであるが、「居宅」と「不安定居住」を比較すると、後者は「正社員」、「自営業・経営役員」、「アルバイト・パート」の割合が低くなり、「派遣・請負・契約」、「日雇・都市雑業」といった、居所が不安定でも就くことができる仕事の割合が増えていることがわかる。すなわち、「居宅」と「不安定居住」という居所の違いは、「現職の有無」に影響するというよりも、「就労形態」に影響すると言えそうである。なお、収入（月）の中央値についても見てみると、そのことと呼応するように「居宅」が 8 万 3332 円であるのに対して「不安定居住」は 6 万 5500 円と 2 万円ほど低くなっている。

(2)　相談事例からみる「不安定居住」へと至る 2 つのルート

　それでは実際の相談事例から、「就労状況」に着目して、「不安定居住」に至るルートについて見てみよう。

　上述したように、「不安定居住」は、「居宅」と比較すると、「現職あり」の割合はさほど変わらなかった（図3-5）。しかし、前者は後者に比べて就労形態が不安定なものとなっていた（図3-6）。また、収入の中央値も 2 万円ほど低くなっていた。このような結果は、初職後、就労状況が不安定になっていくにつれて、「居宅」から「不安定居住」、そして「居所なし」へと階段を降りるように居所が不安定になっていくというような印象を与える。こうした経路を「下降ルート」とするならば、「不安定居住」はその中間地点として位置づけられる。次に紹介するAさんは、この「下降ルート」で「不安定居住」へと至った典型例である。

　Aさんは、大学を卒業後に正社員として就職し、アパートを借りて生活していた。しかし、その後リストラを契機として仕事が不安定となり、それにともなって「不安定居住」へと至っている。

■初職は安定していたものの、仕事が不安定になり居所も不安定に
　Aさん（40代後半男性）：大学進学時に上京し、卒後は、システムエンジ

ニアとしてIT関係の仕事に従事。この間の住まいはアパート。30代後半のころリストラにあい、派遣社員になる。給与が低かったため貯金を取り崩しながら生活をしていたが、家賃が払えなくなったため、サウナやネットカフェで寝泊まりするようになり、そこから仕事に通っていた。もうすぐ今の仕事の契約が切れるが、次の仕事のめどがつかないため、もやいに相談に訪れた。

しかしながら、具体的な相談事例を見ていくと、「不安定居住」に至る経路は、上述した「下降ルート」だけではないことがわかる。次に紹介するBさんは、10代後半のときに、家族関係の不和から家出をしたことで高校を中退し、初職の段階から就労も居所も不安定であったケースである。

■初職から仕事も居所も不安定

　Bさん（30代前半男性）：東北地方出身。借金が原因で15歳の時に親が離婚。すぐに母親が再婚するも、継父との軋轢が原因で17歳のときに家出をする。同時に高校中退。以後、派遣や日雇い等の不安定就労しながら、ネットカフェ等を転々として暮らしていた。アパートでの一人暮らしの経験はない。兄と妹がいるが、10年以上会っていない。継続して仕事が見つからなくなり、ネットでもやいのことを知り、相談日の前日に上京して相談に訪れた。

この事例にあるように、Bさんにとって「不安定居住」は、「居宅」から「居所なし」に至る中間地点として存在していたわけではなく、初職の段階での「スタート地点」であったことわかる。

　このAさんBさんの対比に見られるような「不安定居住」に至るルートに違いをもたらす要因は、すでに事例でみてきたように、「幼少期の経済状況の有利／不利」や「出身家族の関係性が良い／悪い」といった違いであろう。冒頭紹介した「若年不安定就労・不安定住居者聞取り調査報告書」のデータを二次利用して、若年ネットカフェ・ホームレスの分析を行った岩田（2008）は、やはりそれらの違いがネットフェ居住に至る主なルート[7]に

影響を与えると指摘している。

なお、本書で扱うデータでは、「幼少期の経済状況の有利／不利」について詳細に聞き取れているケースは少ないが、わが国の高等教育における私費負担割合の高さを鑑みると、学歴の高低はその代理変数としてとらえることもできる。その意味で、**図 3-4** でみた学歴の高低は「不安定居住」へと至るルートを別つ重要な変数としてとらえられるかもしれない。

(3) 女性における「不安定居住」に至るルート

「不安定居住」のうち、12.1％が女性であった（**図 3-1**）。上記は、就労状況との関連で「不安定住居」に至るルートを見てきたが、女性の場合は、こうした要因とはやや異なったルートで「不安定居住」に至っていた。女性にみられる特徴的なケースは以下のとおりである。

■暴力をともなう家族関係のトラブルで不安定居住へ

　Ｃさん（20 代後半女性）：四国出身。父親は気性の荒い人で厳しく育てられた。高校卒業後に上京して派遣の仕事に就く。ほどなくして職場で知り合った男性と同居し始めた。お酒に酔うと暴力を振るうようになり、耐えられなくなって職場で知り合った知人（女性）の家に身を寄せる。いつまでもいられないとのことで今回相談に至る。扶養照会があるため、生活保護の申請は拒否している。

もちろん先のＢさんの事例のように、家族関係のトラブルは男性にも見られるものである。しかし、具体的な相談事例を見ていくと、女性の家族関係のトラブルには暴力をともなうようなものが少なくなかった。Ｃさんの事例は、同居していた男性から暴力を受けていた例であるが、出身家族である父親や兄弟から暴力を受けていたケースも散見された。

なお、興味深いのは、**図 3-2** で確認したように、男性の「不安定居住」の内実が多様であったのに対して、女性のそれが半数以上「知人宅」であることである。この場合、上述した事例のＣさんのように、文字どおりの「知人」であることもあれば、居所を失ってから、ネットで知り合ったといった

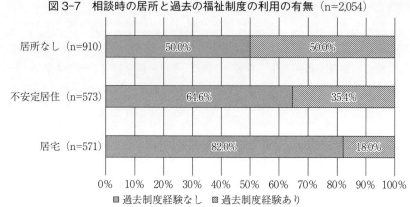

図 3-7 相談時の居所と過去の福祉制度の利用の有無 (n=2,054)

〔出典〕筆者作成。

ような形だけの「知人」の場合もある。後者の場合、寝る場所が確保できることと引き換えに、金銭的に搾取をされたりするなど、こうした関係自体がさらなる生活困窮の引き金になることもある。「不安定居住」を居所としているといっても、こうした点は男性にはほとんど見られない女性特有のものである。この点については、第6章で詳しく論じられる。

4——過去の福祉制度との関係

次に、過去の福祉制度の利用状況を見てみよう。図3-7は、「過去の福祉制度の利用の有無」について「相談時の居所別」に見たものである。なお、ここでいう福祉制度とは、生活保護制度、自立支援事業などのことである。

当然のことながら居所が不安定なほど、「福祉利用経験あり」の割合が高くなっている。「不安定居住」で約35％、「居所なし」では50％もの人が過去に福祉制度を利用したことがあることがわかる。

では、なぜこれらの人びとは、福祉制度を利用したにもかかわらず、相談時に「居所なし」あるいは「不安定居住」の状態にあったのだろうか。この理由について、とくに生活保護制度を事例に見てみよう。

■無料低額宿泊所へ入所するも劣悪な環境に嫌気がさして急いで退所

　Dさん（30代後半男性）：20代後半で上京後、新聞販売店（住み込み）の仕事を経て、派遣の仕事（倉庫の仕分けなど）に転職する。同時にアパートへ転居。しかし、収入が安定せず家賃を滞納することが続いたため、アパートを引き払いパチンコ屋の店員として働く（住み込み）。3年で店が潰れてしまい、仕事と家を失うことになったため福祉事務所に相談する。生活保護を受け無料低額宿泊所に入所となる。4人の相部屋でプライバシーがなく、しかもダニが出るようなところだったため、急いで住み込みの運転手の仕事を見つけ保護廃止となる。しかし、すぐに事故を起こしてしまい離職。同時に住まいも失う。貯蓄を取り崩して、路上やネットカフェを寝場所としながら仕事を探していたが、貯蓄がなくなりもやいに相談となる。

　とくに大都市において、ホームレス状態にある人びとの生活保護受給後の主要な受け皿として利用されているのが、事例にある無料低額宿泊所である[8]。しかし、一部の無料低額宿泊所は、事例にあるような劣悪な環境のところも少なくない。そのためDさんは、あえて住み込みの仕事を探して退所を急いでいた。しかし、そのことが再度の住まいを失う遠因となっていた。その他の具体的な相談事例も見てみると、こうした劣悪な環境に嫌気がさして、みずから出てしまっている人が散見された。先行研究においても、無料低額宿泊所での保護開始の比率が高い市区町村ほど、「失踪」を理由とした保護廃止率が高くなることが報告されている（山田 2009）。これらの事例から示唆されるのは、「居所なし」あるいは「不安定居住」の状態にある人びとが、生活保護を受けて無料低額宿泊所へ入所したとしても、Dさんの事例のような結果にしか終わらないことが少なくないということである。

　なお、本章では広義のホームレスに焦点をあてて分析をしているが、Dさんの事例に見られるように、彼が路上での寝泊まりも経験していることは改めて強調しておく必要があるだろう。冒頭に広義のホームレスの問題は、狭義のホームレスの問題と地続きの問題であると述べたが、Dさんの事例はまさにそのことを彷彿とさせるものとなっている。

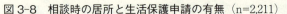

図 3-8　相談時の居所と生活保護申請の有無（n=2,211）

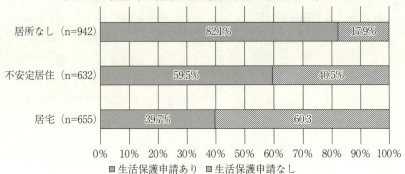

〔出典〕筆者作成。

図 3-9　相談時の居所と相談後の居所（n=412）

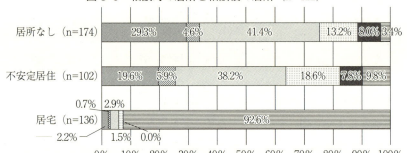

〔出典〕筆者作成。

5──相談後の居所

　それでは最後に、もやいに相談したのち、どのくらいの人が生活保護の申請に至り[9]、その結果どのような居所の確保につながったのかを、「相談時の居所」別に見てみよう。

　まず居所が不安定になるほど、「生活保護申請あり」の割合が高くなって

いることがわかる。しかし、見方を変えると、その受給要件に合致してもおかしくない「不安定居住」の約40％、「居所なし」でも約18％が、生活保護の申請に至っていないということになる。ただし、この結果からだけでは相談者の経済状況が生活保護の受給要件に該当しなかったのか、相談者みずからが、この段階では保護の申請をしないと判断したのかはわからない[10]。

では、サンプル数は少ないが、保護申請をした相談者がその後にどのような居所へと至ったのかを、確認できた範囲でみてみよう（**図3-9**）。

「居宅」のほとんどが、「アパート（居宅保護）」（96.2％）である。そのほとんどが相談時の居所で生活保護を受けたものと推察される。一方、「不安定居住」は、その構成割合に大きな違いが生じている。すなわち、「アパート（居宅保護）」の割合が極端に低くなり、「ドヤ・カプセルホテル」、「ゲストハウス」、「サウナ・ネットカフェ」といった、本章で「不安定居住」に区分した居所の割合が高くなっており、即時的には「居宅」への移行を果たせていないことがある。この理由については以下の2つが考えられる。第1に、もやいが所在する東京では、昔からホームレス状態にある人びとに対しては、基本的に施設収容か簡易宿泊所での保護（「ドヤ保護」）を基本としてきたからである（岩田 1995）。第2に、2009年10月30日に厚生労働省から出された通知の影響である[11]。この通知では、失業等により居所のないものから生活保護の申請があった場合、やむを得ず一時的に、民間宿泊所、ビジネスホテル、カプセルホテル等を利用し、生活保護が開始された場合は、厚生労働大臣が別に定める額の範囲内で保護費を支給して構わないとした。これらの理由により、「不安定居住」者の多くが生活保護を受けたとしても、同じ「不安定居住」へと移行しているものと考えられる。

6──まとめにかえて──「広義のホームレス」に対する福祉制度の課題

先行研究を概観するとわかるように、これまで広義のホームレスの問題は、その問題が立ち現れてきた経緯から、ネットカフェに代表される24時間営業の商業店舗を居所とする人びとの問題として論じられることが多かった。しかし図3-2で確認したように、彼／彼女らが居所する場所は多様であり、

しかも男女でその構成割合が大きく異なっていた（図3-3）。また、それらの居所に至るルートも、幼少期の家庭環境、それにともなう学歴、性別によって異なる傾向にあることが事例から示唆された。加えて、生活保護制度を利用しても、居所が不安定のままであることが少なくないこと、一旦居所を失うと、生活保護制度の開始場所が「不安定居住」になりやすいことが明らかになった。これらの点から導かれる福祉制度の課題は、以下の3つである。

　第1に、広義のホームレスをどのように発見し、いかに支援施策に結びつけるかという点である。現在、もやいが所在する東京では、「自立支援事業」や「東京チャレンジネット」などが、ホームレス状態にある人びとに対してアウトリーチを行っているが、それらは基本的に路上レベルでの活動である。また、「東京チャレンジネット」では、ビラをネットカフェ等に置くことで、事業対象者への周知を図っているが、本章の分析では、そうした場所を居所としているのは広義のホームレスでも一部であり、しかもその利用も一過性である可能性が高いことは、本章で述べてきたとおりである。こうした多様な場所を居所とし、しかも流動性の高い広義のホームレス状態にある人びとに、どのように福祉制度の周知を図っていくかがまずは課題となるだろう。

　第2に、広義のホームレスのなかでも、事例のBさんのようなケースをどのように支援していくかということである。現在、広義のホームレスの実質的な受け皿になっているのは、大都市で展開されている自立支援事業である。自立支援事業は短期間（おおむね6ヶ月）で、就労による自立をめざすための施設である。そのため一定の就労スキルや、安定した生活経験をもつ人びとの利用が暗黙の前提となっているといえる。しかしBさんのようなケースは、その職歴・生活歴から「自立」として想定されている社会生活のイメージがつかめないため、自立支援事業の枠組みになじまず、自主退所してしまうケースが少なくないことが報告されている（後藤 2016）。こうした人びとを長期的なスパンで支えられるような支援の仕組みが求められているといえる。

　第3に、生活保護制度の運用を改善することである。もとより「不安定居住」の人びとの問題は、制度上、現行の生活保護制度でも十分対応可能では

ある。しかしながら、図3-9で見たように、「不安定居住」を含む居所を失った人びとに対しての生活保護は、無料低額宿泊所等、アパート以外での保護が中心であった。しかし、こうした施設での処遇が、再度の居所の不安定につながっていたのは図3-8との関連で見てきたとおりである。また、人間関係の問題によって困窮に陥っていることが少なくない女性の場合は、審査にともなう扶養照会が生活保護の利用のネックになっていた。こうした点をふまえた生活保護の運用のあり方を見直すことも同時に必要であると思われる。

注）

［1］　ここでの母数は、「住居喪失不安定就労者」5400人のなかから、聞き取り調査（生活実態調査）を行った362人である。

［2］　事実、「ネットカフェ調査」を担当した北條（2009：7）は、「住居を喪失したものの路上生活に至っていない者は、寝泊まりする場所として、各種施設の料金や施設環境（睡眠のとりやすさなど）・所持金額・職場までのアクセス（仕事をしている場合）などの各種条件から、本人が最適と考えるものを選択するに違いないのであり、ネットカフェはそれらの点でちょうど手頃な場所として利用されているに過ぎない」と述べている。

［3］　こうした問題を避けるために、「ネットカフェ調査」では、「現在住所がなく、寝泊まりのために週の半分以上ネットカフェを利用しているもの」を「住居喪失不安定就労者」と定義している（厚生労働省 2007）。

［4］　ここでの分析では、母数が少なかったために、性別「その他」を除いている。

［5］　日本の後期中等教育（高校など）への進学率は1974年以降90％を超えている。また短期大学・大学の進学率は、近年では55％前後で推移している（文部科学省 2017）。

［6］　なお、「ネットカフェ調査」（東京分 N = 224）によれば、「生計をたてるための仕事をしている」割合は74.6％であり、もやいのデータにおける「不安定居住」の「現職あり」の割合（28.1％）と比較すると約2.5倍も高い割合である。この相違は、もやいのデータが実際に「相談に訪れた」人びととのデータであり、「ネットカフェ調査」がネットカフェ等を訪れて該当する人びとに聞き取ったデータという違いによるものであろう。すなわち前者は、「自助努力で解決し難い状況であると判断した」人びとのデータであるため、より「切羽詰まった」状況が結果として表れているのではないかと考えられる。

［7］　具体的には、以下の2つのルートである。①実家それ自体が経済的にも家族関係のうえからも不安定であったり、あるいは家族関係から本人が排除されており、学校

は義務教育終了であるか高校中退であることが多く、本人の就業も最初から不安定で、切れぎれの非正規雇用を転々とした果てに家で、友人宅などを経てネットカフェに至るルート（女性の場合は、さらに不安定な異性関係が含まれる）。②高校ないしは大学などを卒業していることが多く、実家居住のまま、就業を開始するが、その後生じた就労不安定を理由に実家の親と揉めるか、自分が気兼ねして家出、友人宅、ネットカフェに至ったルート。

[8] 無料低額宿泊所とは、「社会福祉法第69条に基づき、同法第2条第3項第8号に規定する無料低額宿泊事業を行う施設として届出をしている施設」のことである。全国で537施設あり、入所者数は1万5600人で、そのうち90.6％が生活保護受給者である（厚生労働省2015）。1990年代前半から、狭義のホームレスの増加にともなって大都市部を中心に急増した。詳しくは山田（2016）を参照。

[9] 自立支援制度の申請が確認できたのは43ケースと少数であったため、ここでは生活保護制度に焦点をあてて分析をしている。

[10] ただし、Cさんの事例に見られるように、女性はその問題のありようから生活保護の扶養照会を避けるために申請に至らないケースが多いことが予想される。

[11] 厚生労働省社会・援護局保護課長通知『「緊急雇用対策」における貧困・困窮者支援のために生活保護制度の運用改善について』（社援保発1030第4号）。

〈参考文献〉

阿部彩、2009、「誰が路上に残ったか——自立支援センターからの再路上者とセンター回避者の分析——」『季刊社会保障研究』45(2)、134〜144頁。

後藤広史、2016、「若者の貧困問題と支援のあり方——ホームレス自立支援センターの利用者に着目して」『社会福祉研究』127、2〜10頁。

北條憲一、2009、「住居喪失不安定就労者に関する厚生労働省全国調査について」『貧困研究』2、5〜11頁。

岩田正美、1995、『戦後社会福祉の展開と大都市最底辺』ミネルヴァ書房。

岩田正美、2008、『社会的排除——参加の欠如・不確かな帰属』有斐閣。

岩田正美、2009、「『住居喪失』の多様な広がりとホームレス問題の構図」『季刊社会保障』45(2)、94〜106頁。

厚生労働省、2007、『住居喪失不安定就労者等の実態に関する調査報告書』。

ネットカフェ生活者ワーキンググループ、2008、『『ネットカフェ生活者の実態』調査報告書——首都圏・九州合同調査のまとめ』。

文部科学省、2017、『学校基本調査』。

村上英吾、2009、「ネットカフェ生活者の雇用と住居の流動性」『貧困研究』2、20〜27頁。

特定非営利活動法人 釜ヶ崎支援機構・大阪市立大学大学院創造都市研究科、2008、『若年不安定就労・不安定住居者聞取り調査報告書——「若年ホームレス生活者」への支

援の模索』。
山田壮志郎、2009、『ホームレス支援における就労と福祉』明石書店。
山田壮志郎、2016、『無料低額宿泊所の研究——貧困ビジネスから社会福祉事業へ』明石書店。

第4章
仕事と生活から見た貧困
――働くことの困難・働けないことの困難

山口恵子
東京学芸大学教育学部准教授

1――仕事・生活の実態から見る貧困

　労働力の流動化や非正規雇用化が進んでいる。非正規雇用の労働条件が悪化し、生活できるだけの収入が確保できない。細切れで頻繁に場所や人間関係が変わり、声もあげにくく、心身ともに疲弊していく。一方で、正社員と名のつくものも、長時間労働による過労死などの様々な問題が生じている。「『働きすぎ』と『働けない』の共存」（熊沢2007）が進行している。
　「ワーキングプア」が社会問題となったように、現代の労働問題については、近年の非正規雇用および正規雇用の労働実態を含めて、多くのルポルタージュや研究が積み上げられている。そのなかでここでは、もやいに相談に来るという、何らかの問題を抱えた困窮する人びとの仕事や生活の現実に注目する。一般的にこうした貧困状態にある人びとの実態を把握するのは困難がともなうなかで、約3000ケースのもやいの相談票からは、その全体的な動向を量的に把握することができ、かつ各事例からは、より詳細に質的にとらえることができる。相談者はどのような仕事でどのように働いているのか、そうした仕事は現在の生活やそれまでの経歴においてどのように位置づいているのかについて検討を行う。そして、こうした仕事・生活の状態から垣間見える労働市場の問題について、あらためて考えてみたい。ただし、相談票であるがゆえに、記録者により記録の内容に差があることや、自ら相談に来

た人が対象である点など、いくつかの大きな制約もある。必要に応じてそれらにもふれていくことにする。

　以下、まず相談時の現職に注目し、その仕事はどのような状態にあるのか、その就労形態や仕事の種類、収入などに注目して明らかにする。次に相談者がどのような生活のもとで働く、および働けないという状況にあるのか、仕事と生活の関係について、その経歴を含めて特徴をまとめる。最後に小括を行う。

2——相談者はどのような仕事でどのように働いているのか

(1)　相談時の仕事の状況

　まず、相談者がもやいに相談したときに、どのような就労状況にあったのかについて、主に相談票の量的分析から大つかみに見ていこう。全体としては第2章の**表2-3**に示されているように、相談に来たときに現職を持っていた人は23.1％のみで、残りの76.9％は持っていなかった。つまり、相談時に現職を持っていた人は限られており、相談者の困難な生活の様子がうかがえる。とくに、第2章の**図2-10**に示されているように、来所年代ごとの現職の有無は、2008年以前は仕事を持って相談に来る人が35.0％と多かったが、それ以降は減少し、2011年に22.9％とやや増加したものの2008年以前ほどではないことが見て取れ、近年、現職を持たないより困難な人の相談が増えているようだ。

　図4-1はそれを男女別に示している。これによると、とくに男性で現職ありの人が21.5％に対し、女性は33.2％となっており、女性のほうが相談時に仕事を持つ比率が高かった。この背景については、のちの第6章で詳述される。年齢別では、現職の有無には大きな差はなかった。

　では、この23.1％の相談時に仕事を持っていた人びとは、どのような仕事に就き、どのような条件で働いていたのだろうか。仕事の詳細については、相談時の記載に濃淡があるという限界はあるものの、できるだけ具体的に把握することに意味があると考え、就労形態や仕事の内容などの労働条件につ

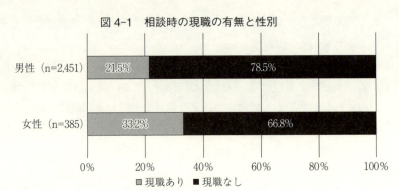

図 4-1　相談時の現職の有無と性別

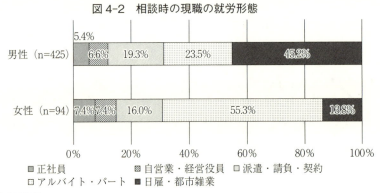

図 4-2　相談時の現職の就労形態

いて見ておこう。

(2)　不安定な非正規雇用で働く

　相談者の大半が非正規で不安定な仕事で働いていた。**図 4-2** は相談時の就労形態を男女別に見たものである。ここからは、まずもって性別にかかわらず、正社員や自営業・経営役員などの比較的安定していると思われる仕事についていた層は15％以下に過ぎず、その多くが非正規雇用だったことがわかる。そのうえで、男性は日雇・都市雑業などの不安定な仕事が45.2％と多くを占め、女性はアルバイト・パートが55.3％と半数以上を占めていた。

　就労形態は収入額とも連動している。ここでの収入には生活保護費は含ま

れていないが、雇用保険、老齢年金、障害年金、難病手当、児童扶養手当、養育費、仕送りなどは含まれている。また、個人の収入ではなく、パートナーや同居人の収入を合わせた世帯収入として申告しているケースも含まれる。よって、実際以上の金額になっている可能性があることには留保が必要である[1]。これらのことを勘案しても、正社員の平均収入が17万4667円（中央値18万円）であるのに対して、男性に多かった日雇・都市雑業は6万3543円（ただし中央値は4万円）、女性に多かったアルバイト・パートは9万376円（中央値は7万8000円）と限定的であった。

「労働ダンピング」（中野2006）が進むなかで、現職に就いているといっても、こうした不安定で低収入な仕事がほとんどであり、生活の安定にはつながらないものであった。

(3) 様々なブルーカラーワーク

その現職はどのような仕事だろうか[2]。図4-3はその相談時の仕事の種類を示している。仕事は、販売・サービスが16.5%と最も多く、事務・教育・専門職、派遣・契約・アルバイト、運輸・運送・ポスティングなどがそれぞれ10%を超えて比較的多い。ビッグイシューの販売や、古紙回収・段ボール集め・空き缶拾いなどの路上でホームレス状態にある人びとの収入源であることが多い生業も、一定の割合を占めている。全体的には様々な仕事があるが、一部を除けば労働集約型産業のブルーカラーの仕事が多くを占めていることがわかる。

現職の種類については、記載のある範囲ではあるが、もう少し詳しくピックアップしてみよう。以下は、複数の人から挙がっていた比較的に多い仕事である。やはり性別で特徴があり、女性のほうが対人関係のあるサービス業に近い仕事がより多かった。

＜男性＞
左官・とび・土工・解体・内装・塗装などの建築・土木関係、電気・設備・管理関係、トラックやタクシーのドライバー・配送業、自動車・食品製造業、製本・印刷業、電話・通信業、新聞販売・営業、警備員、マンシ

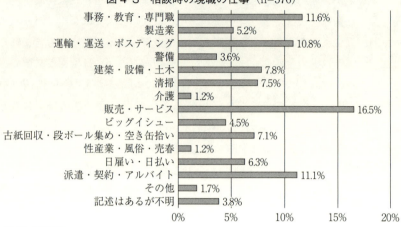

図4-3 相談時の現職の仕事 (n=576)

ョン・ビル・店舗・公園の清掃、都の清掃の仕事、検品・ピッキング・出入庫などの倉庫内軽作業、引っ越し、荷物の仕分けや軽作業、郵便局内作業、コールセンター、データ入力、ポスティング、居酒屋などの飲食店での調理・接客・洗い場の仕事、介護、不動産業、家庭教師・塾講師、ライター・イラストレーター、ウェブ制作・ユーザーサポート・修理などのIT関係、事務作業、ビックイシュー販売、缶・本・段ボールなどの廃品回収

＜女性＞

パン・弁当・洋服・保険などの販売業、居酒屋・レストラン・ファストフードなどの飲食店での調理・接客、スーパー・コンビニのレジや品出し、郵便局内作業、清掃、荷物の仕分けや軽作業、ヘルパー・介護、パチンコ店、医療事務、塾などの講師、デモンストレータ、ティッシュ配り、フリーのスタイリスト・ライター・編集業、テレフォンレディや性風俗の仕事

(4) 共通する低い収入額

さて、当然のことながらそれぞれの仕事によって収入額が異なっている。

表 4-1　相談時の仕事の収入額

現職の職種	平均値	中央値	n
事務・教育・専門職	221,551	95,000	40
製造業	84,868	82,500	22
運輸・運送・ポスティング	62,511	50,000	35
警備	108,331	100,000	13
建築・設備・土木	105,519	99,000	16
清掃	75,311	57,500	30
介護	145,000	167,500	4
販売・サービス	121,033	100,000	57
ビッグイシュー	47,469	53,000	13
古紙回収・段ボール集め・空き缶拾い	36,386	9,000	18
性産業・風俗・売春	95,000	95,000	2
日雇い・日払い	93,538	70,000	13
派遣・契約・アルバイト	87,691	75,000	34
その他	27,750	35,000	6

〔出典〕筆者作成。

　なお、ここでの月の収入額は先述したように、生活保護費を除く各種手当、年金、保険、仕送りなども含まれており、厳密なその仕事のみでの収入額ではなく、実際よりもやや高めな金額であることには注意が必要である。**表4-1**によると、現職について、最も収入額の平均が多いのは、事務・教育・専門職の22万1551円であるが、これは中央値が9万5000円であり、人によってかなり開きがあると考えられる。次に平均が高いのは介護の14万5000円、販売・サービスの12万1033円と続いている。

　逆に最も低いのは、古紙回収・段ボール集め・空き缶拾いであり、こちらも平均は3万6386円であるが、中央値は9000円と極度に低くなっていた。野宿をしている人びとを中心に貴重な収入源となっている古紙回収・段ボール集め・空き缶拾いなどの都市雑業であるが、やはり収入額としてはごく限られている。いずれにしても、生活をしていくにはまったく十分な金額ではないことはいうまでもない[3]。

　たとえば、以下のAさんもその賃金の低さに生活困難になっており、家賃も決して高いところではないが、それも借金になるかもしれないという状況に陥っている。

Aさん（60代男性）：出版関係で10年近く働き、そのほか食品関係でも働いたが、工場の移転によって失業した。その後、スーパーの後片付けの仕事などにも就いたが、月に7万円にしかならず、生活ができない。福祉事務所に行ったところ、仕事を探せと言われた。ハローワークでも月収10万円以下ならあるが、それ以上を希望すると仕事はない。現在のアパートの家賃は4万円で、蓄えが尽きてしまったため、来月から借金になってしまう。

(5)　劣悪な労働環境——ハラスメントや法律違反の横行

　このように仕事は不安定で低収入の傾向があり、いうまでもなく雇用保険などの保障があるところは限られていた。加えて相談者のなかには、パワハラ・セクハラや不当な扱いを受けるなどの劣悪な労働環境にあり、それがもやいへの相談の一因になっているケースもあった。たとえば、以下のBさん、Cさんはその一例である。

　Bさん（40代男性）：日給の週払いでドライバーの仕事をしていたが、体を壊して病院に週2日通っていたところ、自主退職扱いで仕事を解雇された。その職場では休みや遅刻など、何かにつけてペナルティを課せられていた。不払い賃金もあるので、請求したい。

　Cさん（30代女性）：派遣先のコールセンターでパワハラにあった。業務の改善をマネージャーに訴えるが、「派遣で来ているんだから黙っていろ」と言われ、承諾書にサインしないと辞めてもらうと脅された。結局、自己都合扱いで派遣切りされた。

　もやいに相談に来る前に、およびもやいへの相談をきっかけに、労働組合などを通じて解決を図ろうとしたケースもあるが、なかなかそれは難しく、多くの人はそのまま退職するか、我慢して働いて、心身の不調につながっている様子がうかがえた。
　以上、主に相談時の現職の動向を見てきた。非常に不安定で少ない収入、

および劣悪な労働条件である様子がうかがえ、それだけでもしかるべき機関への相談が必要な状況が予想される。しかし、労働状態だけを見ていては、人びとがなぜもやいに相談に来るほど困窮するのかは見えにくい。むしろ、仕事を含めた生活全般を見ていく必要があると考えられる。失業および不安定雇用はそれぞれの生活のなかでどのような位置にあるのだろうか。次に、量的分析および事例から、相談者の生活状態と仕事との関係について見ていこう。

3——相談者にとって働くということ——相談者の生活のなかの仕事

(1) 現職があるということ——働いていない、働けない、および働いてはいても……

まず、住居との関連である。**図4-4**は、相談時の現職の有無と居住形態との関係を示している。現在の住まいについて、現職のある人は居宅が43.5%と多く、逆に現職のない人は居所なしが39.3%と多くを占めていた。やはり全体としては、現在働いている人は働いていない人よりは、より安定的な居住を確保しており、逆に働いていない人は居所なしなどの非常に困難な居住状態にある傾向があった。しかし別の見方をすると、現職があっても35.8%は不安定居住、20.3%は居所なしということで、半数以上が居住に問題を抱えていることからすると、現職があった人が生活安定層かというと、そうとばかりもいえないことがわかる。

つまり、図表は省略するが、相談者で現在、生活保護および自立支援事業を利用中の人が現職の有無にかかわらず約1割5分あった。また、過去にそうした公的支援を受けたことがある人も、現職ありの人で3割、現職なしの人であれば4割にものぼった。つまり、現職があったとしても、現在または過去に公的支援を受けるほど何かしらの困難を抱えた人びとが含まれているということである。さらに、第2章の**表2-5**で示されているように、少なくとも5割以上の人になんらかの疾病があった。

たとえば、以下のDさんは正社員ではあるが、体調の問題を抱え、困難な様子がうかがえる。

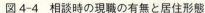

図4-4 相談時の現職の有無と居住形態

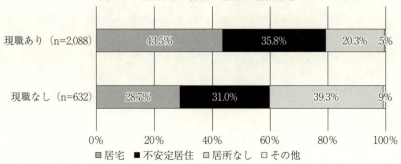

〔出典〕筆者作成。

図4-5 相談時の仕事の有無と月の収入額（n=582）

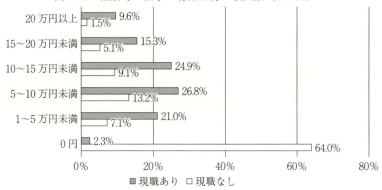

〔出典〕筆者作成。

　Dさん（40代女性）：収入が少ないのにうつ病で病院通いが多く、生活に困っていた。福祉事務所に相談に行ったが親身になって相談にのってくれなかったため、もやいに来所した。パチンコ店の正社員として働き、会社の寮に住んでいるが、病気のために休養中である。会社からは寮を出るように言われており、なんとか週に数日は出勤している。会社勤めもつらくて死にたくなる。

　Dさんのようなケースは、正社員ではあるものの、仕事を辞めると収入が

なくなるだけでなく、会社寮ゆえに住まいも失うことになるため、辞められない状態にあると考えられる[4]。こうした職住一体化した仕事の問題についてはのちほど詳述する。

(2) 切迫する家計——生活できる収入も所持金も少ない

　次に収入である。先に現職の仕事別に収入を推計したが、ここでは個々人の生活のなかでの収入をみていこう。現職がないということは、当然のごとく収入の減少に直面する。図4-5を見ると、現職がなかった人は月の収入が少なく、収入なしが64.0％を占めていた。ただし、先述したように、この収入なしの人びとのなかには生活保護を受給している人が含まれるので、まったく金銭がなく生活しているわけではないことには注意が必要である。しかし、それを勘案しても高い比率であるといえよう。一方、現職ありの人はそれなりの収入があるが、それでも最も多いのは5〜10万円未満で26.8％を占めている。そして、10万円未満をあわせると5割近くにのぼる。働いていてもそうした収入では、かなり生活が苦しいことは容易に予想できる。

　加えて、相談時の所持金も限られていた。図表は省くが、所持金が1000円未満という人が、現職ありの人は21.4％であったが、現職なしの人は42.8％と倍近くになり、現職なしの人の所持金はごく限られており、切迫している様子がうかがえる。

　たとえば、Eさんは、仕事が減らされたり月の仕事量が不安定であったりなどして、収入が不安定であり、住居を失っている。

　　Eさん（60代男性）：約4万円のアパートで独り暮らしをしていた。仕事は5年前から1日8時間、時給800円ほどで、清掃会社でパートとして働いた。しかし、勤務時間が8時間から6時間にカットされ、さらに減らされると言われて辞めた。その後、警備員の仕事をしているが、日当8000円で、勤務日数によって収入が変わる。ある月は9日間勤務したが、ある月は1日しか仕事がなかった。結局、3ヶ月間の家賃滞納があって、路上生活になった。

また、仕事をしていなかったり、劣悪な条件で働いたりしていても、家族と世帯をともにすることで援助が受けられる場合もある（山口2014）。しかし、逆に限られた収入のなかで家族を養わねばならない場合もある。以下のFさんは、家族と同居し、親の年金を含めて収入を持ち寄って暮らしているが、困難を抱えるケースである。

　Fさん（50代男性）：父と兄の3人で持家に住んでいる。高齢の父親の介護が必要だが、年金もほとんど医療費などでなくなってしまう。同居する兄はコンビニのアルバイトをしており、月収が約20万円あるが、多重債務やアディクションを抱えている。本人は工事用の機材の運転手をしていたが失業し、現在はハローワークに通っている。残金が数千円しかなく、デイサービスの費用も払えずに困っている。1週間ほど前に役所に行ったが、家があると援助はきついと言われた。

（3）　借金という重い足かせ

さらに、生活を困難にしているのは借金の問題である。ここでの借金とは、文字どおりの消費者金融などからの借金もあれば、家賃の滞納や携帯代、友人からの借り入れ、保険料の滞納など、様々なものを含んでいる。相談時にこうした借金がある人が69.0％と非常に多かった。相談時に借金のことを聞くのが難しいことを考えると、これでも少なく見積もった数字であると予想される。とくに現職がない人は66.7％が借金ありだが、現職のある人は78.2％と、じつに8割弱の人がなんらかの借金を抱えていた。つまり、借金を抱えていて仕事をやめられない、働かざるを得ないという側面もあると考えられる。

しかも、その金額は小さいものではない。図4-6は相談時の仕事の有無と借金の金額を示している。借金の金額については現職の有無で大きな違いはなかったが、最も多いのは10〜100万円未満で4割前後、10万円未満を合わせると、5割前後の人が100万円未満の借金があることがわかった。そして数百万円の借金を抱える人も一定程度あり、500万円以上という多額の借金を抱えた人が7％前後あった。いずれにしても、先の月収入額を考慮する

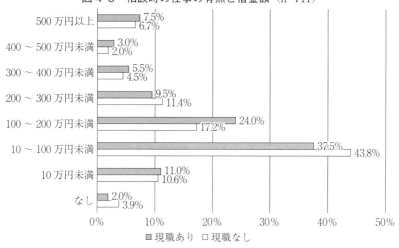

図 4-6 相談時の仕事の有無と借金額 (n=711)

注：表では基本的に不明のケースは除いているが、ここでの「なし」というカテゴリーについては、本当に借金がないのか、それとも不明なのかということの判別がつきにくく、留保が必要である。
〔出典〕筆者作成。

ととても返済がおいつかない金額であり、相談者が非常に困難な状況に追い込まれていることが予想される。

借金の主な理由は、事業の失敗、生活費が必要だった、友人や家族の肩代わりをした、ギャンブルなどで使った、家のローンなど様々であるが、心身ともに大きな負担となっている様子がうかがえた。

(4) 職住が一体化した仕事の不安定さ

先にもふれたように、仕事と生活との関係について、会社寮などに住み、仕事と居住が一体化している場合は、仕事の動向が生活に多大な影響を及ぼす。相談者の事例には、現職のみならずこれまでの就労経験において、そうした職住一体化した仕事で働いた経験が、長短にかかわらず、随所に顔を出していた。たとえば、相談者のこれまでの仕事の経歴からそうした仕事をピックアップすると、以下のような仕事が挙げられていた。

建築関係（飯場を含む）、工場派遣（自動車、食品加工ほか）、新聞配達・

集金・拡張員、警備、リフォーム会社、パチンコ店、ホスト、キャバクラ、サウナ、リゾートバイト、ホテル関係、住み込みの寿司・中華料理店の仕事

　これらの仕事は就労先に直接雇用の場合もあれば、請負業者などを通じて間接雇用の場合も含まれるが、いわゆる職住一体化した仕事として以前より存在している。
　一時的にこうした仕事で働いているケースもあるが、典型の一つは、地方出身で実家を離れて移動し、首都圏に仕事を求めてきたが、職住一体化した仕事を移り変わっているケースや、首都圏出身で、もともと養護施設で育ったり定位家族が不安定であったりするなかで、実家や職住一体化した仕事を転々としているケースである。以下は後者の例である。

　　Gさん（40代男性）：首都圏出身で、父子家庭で育った。途中で父親が再婚したが、義母から虐待を受けたことがある。高校卒業後、喧嘩別れして家出同然で、住み込みの新聞配達の仕事をした。その後、肉屋で約1年半、倉庫清掃などの派遣で約2年、駐車場の誘導員で約1年、派遣の倉庫の仕事で半年、住み込みのテレクラの仕事で約1年働いた。2010年に入ってからは、愛知で自動車の組み立て工場で派遣として働いた。そこを切られてからは首都圏に戻り、父の家に居候したり、友人宅に身を寄せたり、ネカフェ生活をしたりしている。そうした生活に疲れてきた。

　Gさんのように、基本的に住み込みの仕事を転々としているが、首都圏に生活圏があるので、ときに実家や友人のもとに身を寄せたりもする。しかしそれも居づらくなると、ネットカフェを利用したり、野宿にいたる場合もあった。こうした住み込みや寮付きの仕事を移り住む人びとは一定の厚みを持って含まれていた。
　岩田正美は、野宿者の職業歴・住宅歴の分析から3つの類型を見出し、その一つとして「労働宿舎型」の類型があることを指摘している（岩田2007、2008）。この労働宿舎には事業に附属する宿舎からアパートなどの借り上げ

も含み、ここで列挙したような職種を含む。こうした宿舎を移り住む生活を続けることは、仕事を失うことが即住居を失うことになり、かつ社会と関わる契機を失うことにつながるという。

期間の長短はあれ、今回の相談にもこうしたケースが少なくなかった。ただしこの男性のように、より若年で首都圏出身の相談者は、実家と労働宿舎と友人宅などをいろいろに出入りしている様子が見て取れ、大都市部にネットワークが少ない地方出身者とはやや異なる様子も見られた。

(5) 公的支援を受けても……

最後に、仕事と生活の関係ということでは、生活保護制度や自立支援事業などの公的支援の影響は切り離せないものである。先述したように、もやいの相談者は過去または現在において、何かしらの公的支援を受けた経験がある人が多かった。「ワークフェア」のように、福祉の給付の条件として就労を求めたり、給付の目的を就労の実現に置くことが、現在の日本の福祉・雇用政策においては強く求められている。とくに、就労困難な状態から、公的な自立支援を経て「就労自立」するという方向性である。

しかし、それがその後の就労の継続や生活の安定にはつながっていないケースがあり、人によっては公的支援と労働市場を出たり入ったりしていることも少なくなかった。たとえば、以下のHさんは、生活保護を受けて清掃の仕事で「就労自立」したが、仕事がなくなったことで再び困難な状態になっている。

　　Hさん（60代男性）：東北出身で、十代のころから建設会社の寮や飯場を転々として暮らしてきた。数年前に建設会社が運営する無料低額施設で生活保護を受けたが、2万円しかもらえずやめた。その後、野宿生活を経て、緊急一時センターと自立支援センターに入った。そこで清掃のアルバイトを得て、1日3000円で月に20日ほど働いた。貯めたお金で家賃3万円ほどのアパートに入り、自立支援センターを出た。その後もアルバイトでつないでいたが、仕事がなくなった。雇用保険も国民保険もなかった。家賃のあてがなくなって困っている。

もちろんこれまで見てきたように、全体としては仕事が継続できていないのは、仕事自体が減ってしまったり、解雇になったり、本人が健康を害したり、やめたり、家族の事情があったりと、様々な理由がある。しかしそれにしても、公的支援を受けてから、および受けつつ得た仕事が、非正規雇用で労働集約型の体を使う仕事が多く、賃金などの条件も劣悪で、生活の安定にはつながりにくいものが多い。ゆえに、低家賃のアパートを自力で確保することができた数少ない単身者でさえも、その家賃を払い続けるのが難しくなっていた [5]。

　このことからは、自立支援策において「労働参加が何よりも強調されると、その労働が不安定であることは後回しにされ、ともかく働いていればよいとされがちである」（岩田 2008、173-174）という危惧や、「新自由主義的な包摂戦略」は、雇用創出それ自体は政策課題とせずに規制緩和等による雇用拡大を図るという立場をとり、「就労機会なき『就労支援』という矛盾した政策」が現れる（宮本 2013、13-14）という指摘が、現実化している様子が見えてくるようである。

4——小括——不安定の制度化のなかで

　以上、相談者の状況について、主に仕事と生活の状態に注目してきたが、非常に困難な様子が見て取れた。まずもって相談者は、相談時に現職を持っていない人が 8 割弱と非常に多く、とくに男性が無職の比率が高かった。この大半の現職を持っていない人は、そもそも健康の問題を抱えていたり、失業したり、様々な事情を抱えたりして、働けていなかった。当然、現職を持っている人に比べて不安定居住の傾向が強く、収入や所持金が限られ、しかし現職を持つ人と変わらないほどの借金の問題を抱える傾向にあった。

　一方で、かろうじて相談時に現職を持っていた人も、その仕事は 9 割弱が非正規雇用で、労働集約型産業のブルーカラーワークが多く、労働条件が非常に悪かった。生活の安定にはほど遠く、半数以上が居住の問題を抱えており、3 割近くの人が現在または過去に公的支援を受けた経験があった。また、

それなりに収入を得ている人も一部いるが、半数近くの人が10万円未満の収入となっており、そして現職を持たない人以上に借金の問題を抱えていた。いずれにしても大きな借金を返すのはとうてい難しく、生活がたちゆかなくなっていた。

　こうした困難な状況にあるときに、家族の援助や公的支援はセイフティネットとなりうるものである。しかし、家族は逆に自分が支えなければならない場合もあり、またそもそも家族がいなかったり不安定だったりして、頼れない人も少なくなかった。さらに生活保護制度や自立支援事業などの公的支援は、「就労自立」し、継続的に生活を安定させることにはつながっていないケースも浮き彫りになった。結局、経歴でみても、職住一体化した仕事を含めてずっと非正規雇用の仕事を転々としていたり、ときに公的支援と非正規雇用の仕事とを出たり入ったりしているなど、生活の安定にはほど遠い、困難な労働・生活状態にあることが見えてきた。

　労働市場の側からみると、こうした貧困状態にある人びとには、学歴が高くなく、経歴がジグザグで、特別の資格もなく、かつ中高年齢であったりすればなおさらのこと、最低賃金かそれ以下の仕事しかあてがわれない。しかし見方を変えれば、そうした条件が低位な非正規雇用の仕事自体は増大しており、そこでの労働需要は高く、人手不足が問題となっている。そうした労働需要を満たすことにはなっているのだろう。それは都合のよい「調整弁」ともなりうるものであり、労働市場の末端において、「使い捨て」という言葉がよく当てはまるようだ。

　加えて、ロベール・カステルはいう。古典的雇用の一部での破壊と賃労働社会の雇用の地位を下回る特権しかもたない就労形態の増加とが、同時に進行している。そして変化を決定的なものとする自由主義的な発想を持った政治戦略の進行により、こうした活動形態に以前より悪化した地位、たとえば公的扶助付き契約や新規雇用契約が与えられ、公式のものと認められ、制度化が進んでいる。こうした戦略は不安定を制度化することで大量の非雇用を削ろうとする。つまり、古典的雇用を創出する手間を省きながら、非雇用を吸収することになるかもしれない、と（カステル 2015、164-165）。

　むろん、こうした「不安定の制度化」は、進行する現代社会における社

会・労働政策などの政治的判断と産業界の要請の構築物である。しかし、もし大量の失業を免れ、労働需要にも答えるものになっていたとしても、本稿で見てきたようにこうした状態では人びとの生活はたちゆかず、貧困状態に留め置かれ続ける困難な未来しかない。まずは、こうした労働状態は改善されなければならないし、ディーセント・ワーク（適正な仕事）を求めて、人びとが生活できるだけの収入保障と労働条件の整備が必要である。

注）
　［1］　加えて、年収や日給など様々な答え方がなされていた収入額すべてを、月単位（月20日、1日8時間勤務として）の額に統一するという操作を行っている点でも、実際以上の金額に換算している可能性がある。つまり、実際は月に数日しか働いていない場合や、1日の勤務時間がもっと少ない場合も考えられる点は留保が必要である。
　［2］　仕事については、具体的な職業の内容を答えるのではなく、派遣や契約、日雇いという記述のみの場合も多かった。これらはいわゆる「職種」ではなく「就労形態」であるが、就労期間が短く職場を転々とする派遣や日雇いの場合は、相談者が仕事の内容を思い出せない場合も多く、このような記述にとどまっている場合もあるので、「その他」の大分類の下で残しておくこととした。
　［3］　本稿の対象はもやいに相談に来ている人である。相談に来るということは、収入が少ないなどの何かしらの問題を抱えているからやって来ているのであり、当然、収入額が低めに出るという一定のバイアスがある。しかし、そうした低収入の現実があることは事実であり、ここでの分析には一定の意味があると考えている。
　［4］　ここでは正社員の女性を取り上げたが、女性が働くことをめぐっては男性とは異なる特徴もある。詳しくは第6章を参照してほしい。
　［5］　たとえば渡辺寛人も、生活保護制度および生活困窮者自立支援法下の就労支援には大きな限界があることを指摘している（渡辺2013）。

〈参考文献〉
岩田正美、2007、『現代の貧困――ワーキングプア／ホームレス／生活保護』筑摩書房。
岩田正美、2008、『社会的排除――参加の欠如・不確かな帰属』有斐閣。
ロベール・カステル著、北垣徹訳、2015、『社会喪失の時代――プレカリテの社会学』明石書店。
熊沢誠、2007、『格差社会ニッポンで働くということ』岩波書店。
宮本太郎、2013、『社会的包摂の政治学――自立と承認をめぐる政治対抗』ミネルヴァ書房。
中野麻美、2006、『労働ダンピング――雇用の多様化の果てに』岩波書店。

山口恵子、2014、「『東京』に出ざるをえない若者たち——地方の若者にとっての地元という空間」『現代思想』42-6、224〜236頁。
渡辺寛人、2013、「生活困窮者自立支援法で自立は可能か？——本当に必要な自立支援とは何か」『POSSE』20、140〜151頁。

第5章

若年層の貧困の特徴──若者たちの生きづらさ

結城　翼
認定特定非営利活動法人自立生活サポートセンター・もやい生活相談コーディネーター

大塚健太郎
認定特定非営利活動法人自立生活サポートセンター・もやいボランティア

はじめに

　日本において若者の生活困窮が社会問題化したのは2000年代に入ってからであった。当初は「ニート」や「ひきこもり」という言葉が独り歩きし、若者の問題は個人の意欲に還元されがちだったが、2000年代中盤以降、産業構造や労働市場といった社会構造や社会保障制度の問題としてとらえ直されてきた（太郎丸2009、本田ほか2006、岩田2011）。さらに、社会的排除概念の浸透にともない若者問題は住まいや家族、学校、医療といったより広範な領域とのかかわりのなかでとらえられるようになり、若年女性の困窮状態についての研究も進んでいる（宮本2012、小杉・宮本編2015）。しかし、まとまった量の質的・量的データを用いた研究は限られている。本章はもやいに相談に来た1000人以上の40歳未満の若者（以下、若者相談者とする）の状況の分析を通し、若者の困窮の経験の特質をとくに労働と家族の観点から把握することをめざす。

　本章の構成は次のとおりである。第1節で、もやいに相談に来る若者の状況について概観する。ここでは若者一般や他の年齢層の相談者と比較し、若者相談者の特徴をつかむ。第2節と第3節ではそれぞれ労働と家族の観点から若者相談者が直面している困難と、困窮状態にいたる過程を分析する。最

後に、第3節までに得られた知見をもとに現在の日本における若者の「貧困」の見えにくさについて論じる。

1——若者相談者の状況

もやいには2004年から2015年3月にかけて3286人の相談者が来所しており、39歳以下の若者は全体の約3割（1084人）を構成している。内訳は女性が195人（18.1％）、男性が874人（80.9％）、その他が11人（1％）で、他に性別不明の者が4人いる。性別が「その他」の者については、サンプル数が小さいためグラフ等からは省き、個別に言及する。本節では、若者相談者が相談に来た時の状況について概観し、若者一般や他の年齢層の相談者との違いについて確認する。なお、本章で扱うデータはとくに断りがない限り、非該当や未回答を除いた有効回答数を用いる。

(1) 若者相談者の住まいと世帯の状況

初めに、もやいを訪れた時点での若者相談者の住まいの状況を見てみる。**図5-1**は年齢層別の居所である。これによれば、若者相談者は他の年齢層に比べて「実家・家族宅」（10.6％）と「ネットカフェ・サウナ・喫茶店」（14.5％）の割合が高く、「野宿」（26.1％）の割合が低いことがわかる。

年齢層別の世帯構成は**図5-2**のとおりである。ここから明らかなように、すべての年齢層で「単身」が8割を超えている。若者相談者については「出身家族」世帯が8.3％と他の年齢層よりも多い。出身家族世帯にとどまっている傾向は若年女性で顕著で、17.7％が「出身家族」の世帯にいる（**図5-3**）[1]。なお、若者相談者では他の年齢層よりも女性の比率が高く（39歳未満で18.1％、40歳以上65歳未満で10.8％、65歳以上で15.7％）、上記の特徴は部分的には女性相談者が多いことによるものと考えられる。しかしながら、若年男性に絞っても同様の傾向が見られ、女性の割合の高さだけでは説明できない。

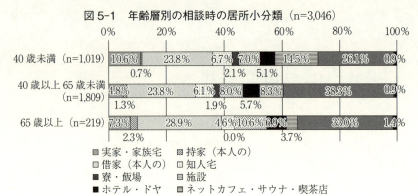

図 5-1　年齢層別の相談時の居所小分類（n=3,046）

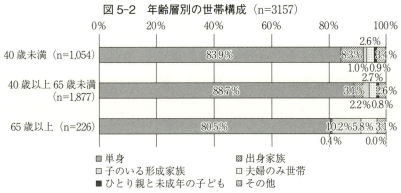

図 5-2　年齢層別の世帯構成（n=3157）

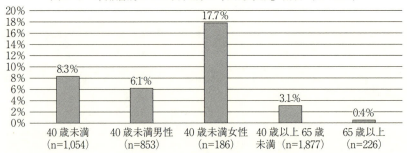

図 5-3　年齢層別および男女別の「出身家族」割合（N=3157）

※「40歳未満」のnと「40歳未満男性」および「40歳未満女性」のnの合計の値が一致していないのは、性別が「その他」もしくは「不明」のデータを除外しているためである。
〔出典〕筆者作成。

(2) 若者相談者の仕事の状況

　若者相談者の仕事の状況はどうか。職の有無では、若者のほうが他の年齢層より職を有している割合が若干高いものの、それでも相談時点で職を有しているのは4人に1人となっている（**図5-4**）。東京圏の若者一般について2010年の国勢調査の結果から見ると、15歳以上35歳未満で就業率は54.5％となっており、もやいに相談に来る若者は東京圏の若者一般に比べ、就業率が明らかに低い[2]。

　では、雇用形態はどのような状況か。**図5-5**から、いずれの年齢層においても正社員は5％に届くか届かないかの水準である。2010年の国勢調査で東京圏の若者一般の雇用形態が「正規の職員・従業員」の雇用形態にある者が59.1％であることを鑑みれば、若者相談者は不安定な雇用形態にあることが明白である。また、他の年齢層の相談者と比べた時、「派遣・請負・契約」（21.2％）が多い一方で、「日雇・都市雑業」（24.9％）が低い傾向にあることにも注目したい。さらに、図表は割愛するが、いずれの年齢層においても、働いていたとしても月収が13万円未満となる人が約半数であり、東京都23区の単身世帯が生活保護制度を利用する場合の最低生活費を下回る収入しかない者が相当の割合にのぼると考えられる。

　通常、学歴の程度は時代によって異なり、高齢者のほうが中卒や高卒が多くなる。相談者の学歴をみると、――有効回答数が少なく、とくに65歳以上では22件しかない点に注意が必要だが――やはり「中卒」と「高卒」で高齢相談者が高い傾向を示しているが、全体的にみればいずれの年齢層も学歴は低く、若者相談者でも「中卒」が33.3％、「高卒」が41.5％となっている（**図5-6**）。一般に学歴と雇用形態の間には相関関係があることが知られており、労働政策研究・研修機構の調査は、①低学歴のほうが、②また男性より女性のほうが、正社員になるキャリアパスを通りづらいことを指摘している（労働政策研究・研修機構2006、小杉2011）。後述のように、雇用形態を規定する要因は学歴だけではないが、上記の傾向は部分的には学歴の低さに由来するものがあるだろう。

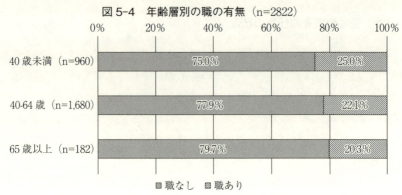

図 5-4　年齢層別の職の有無（n=2822）

〔出典〕筆者作成。

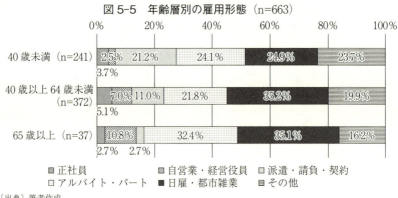

図 5-5　年齢層別の雇用形態（n=663）

〔出典〕筆者作成。

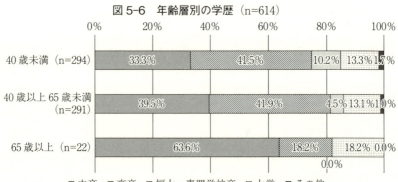

図 5-6　年齢層別の学歴（n=614）

〔出典〕筆者作成。

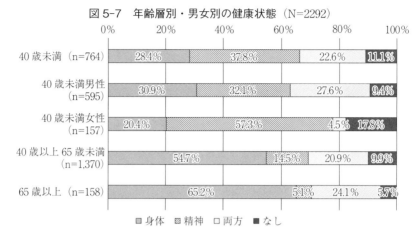

図 5-7　年齢層別・男女別の健康状態（N=2292）

※「40 歳未満」の n と「40 歳未満男性」および「40 歳未満女性」の n の合計の値が一致していないのは、性別が「その他」もしくは「不明」のデータを除外しているためである。
〔出典〕筆者作成。

(3) 若者相談者の健康状態

　本節の最後に、若者相談者の健康状態についてみておこう。年齢層別にみると、身体にかかわる傷病を抱えている割合は年齢が上がるにつれ高くなり、精神にかかわる疾病については年齢が低くなるほど割合が高くなり、若者では 6 割が精神疾患を抱えていたり不調を訴えている（**図5-7**）。若者相談者のなかで男女別に健康状態をみると、男性と女性のいずれも 6 割前後の人が精神にかかわる疾病の症状を訴えており、男性の約 6 割、女性の 2 割から 3 割が身体に関する傷病をもっている（ただし、年齢と性別により若干異なるものの、有効回答率はおよそ 7 ～ 8 割となっている点に留意が必要である）。

　先に若者の就業率の低さを指摘したが、それは彼ら／彼女らの健康状態とも密接に関わっているだろう。ただし、職の有無と傷病の有無の間の因果関係は単純ではない。次節以降ではこれらの知見をふまえ、若者相談者が経験してきた、また直面している困難の特徴について分析を加える。

2——労働市場と若者——機会と搾取

　本節は若者相談者の経験している困難を労働の観点からみていく。ここで浮き彫りになるのは労働市場における若者の優位がもたらす利点と、それゆえに生じる抑圧の経験である。

(1) 労働市場への不利な接合

　先述のとおり、若者相談者は他の年齢層に比べて野宿している割合が低く、ネットカフェ等にいる割合が高い。大きな理由の一つは、若者が比較的労働市場に参入しやすいことにある。図5-8によれば、野宿をしている者は68.5％が日雇・都市雑業をしているが、派遣等で働いている者は5％に満たない。一方、ネットカフェ等に滞在している者は、野宿者と違い派遣等で働いている者が26.7％いる。ネットカフェ等にいる者でも「日雇・都市雑業」が最多だが、その内訳を実数でみると、都市雑業をしながらネットカフェ等にいるのは1人のみである（表5-1）。他の年齢層より派遣等の仕事をしている割合が高いのが若者相談者の特徴であることもふまえると、派遣等や日雇の仕事をしながらネットカフェ等に滞在している若者の存在が示唆される（表は割愛するが、「日雇・都市雑業」の内訳では若者でやや日雇の割合が高い）。なお、図5-8と表5-1のいずれも有効回答数が少ない点は留意されたい。

　もっとも、次節でも言及するが、ネットカフェ等に滞在している者は働きながら滞在している者だけではない。表は割愛するが、ネットカフェ等に滞在している者で仕事をもっているのは全体で26.5％に過ぎない。現在収入がない者は、失業給付を利用したり貯金を切り崩したりしながら次の仕事を見つけるまで、あるいはお金がなくなるまでネットカフェ等に滞在する。飯場や寮に入っていたり、派遣等の仕事をしてある程度の収入を得ていた者がこのパターンにあたる。いずれにせよ、不安定とはいえ仕事に就きやすいという労働市場における若者の優位性が、もやい相談時の居所の状況の違いに反映されている。

　しかしながら、このことから若者は仕事が見つかるから（困窮している者

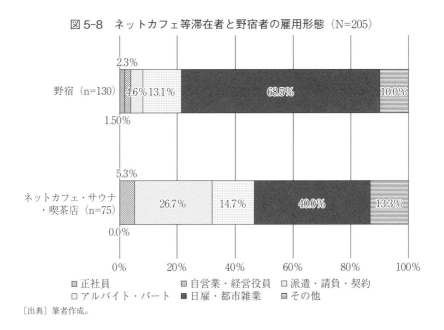

図 5-8 ネットカフェ等滞在者と野宿者の雇用形態（N=205）

〔出典〕筆者作成。

表 5-1 ネットカフェ等滞在者・野宿者の雇用形態（実数）

	日雇	都市雑業
ネットカフェ・サウナ・喫茶店	20	1
野宿	47	25

〔出典〕筆者作成。

のなかでも）他の年齢層よりも恵まれている、と言うことはできない。彼ら／彼女らは流動性が高く、また地位の安定していない労働者として労働市場に組み込まれることがほとんどであり、不当な扱いを受け、それがさらなる困窮につながることもある。ここで具体例を一つ挙げておく。

　Aさんのケース（20代男性）：千葉県出身。高校卒業後、製造業の仕事をしていたが、上司の暴言で精神的な不調を感じて仕事をやめ、アパートにいられなくなり茨城県で寮付の工場の仕事をはじめた。しかし、仕事中に手を痛め、自己都合退職するように迫られたため、寮を出て都内のネット

カフェを転々としていた。

　Aさんは職場の上司の暴言で一度離職し、より不安定な仕事に再就職した。しかし、不安定な身分となったAさんは不当な扱いを受け、より不安定な状況へと追い込まれている。他にもよく見られるケースとして、派遣等の仕事に就いたが不況により解雇となったり、仕事がなくなり困窮する場合がある。労働市場に比較的参入しやすいといっても、それは安定した生活につながるわけではなく、むしろ流動的で都合のよい労働者として使い棄てられる道へとつながっており、身体と精神の健康を損なう原因ともなっている。

(2)　不安定就労への経路

　なぜ若者相談者は不安定な仕事・住まいの状況へと至るのだろうか。上記のような、比較的安定した仕事からより不安定な仕事へと移る場合とは異なり、初職から不安定な仕事に就くパターンがみられる。そのような経路を辿る者のなかでは、18歳以下の早い時期に家を離れる者の存在が目につく。次のケースは地方で不安定就労を続けており、東京に出てきたケースである。

　　Bさん（30代男性）：広島県出身。中学生の時に親が離婚したが2人ともすぐに再婚し、家にいるのが辛くなる。高校を中退して日雇などの仕事をしながらネットカフェ等を転々としてきた。最近になって東京に出てきて新聞配達の住み込みの仕事をしていたが、仕事がきつく寮を出て都内で野宿をしていた。

　Bさんは高校を卒業する前に家を出ており、住まいも仕事もない状態からスタートしているため、当初から不安定な就労状況で定住地を持っていなかった。そのため、次の仕事にありつくあてがない状態で職住を同時に喪失している。ただし、このような経路が若者に固有のものであると言うことには慎重である必要がある。岩田（2008）の分析によれば、高齢者が大多数を占める路上生活者においても3割ほどは初職から不安定就労であったことがわかっているし、非正規雇用は1970年代以降増加するもののそれ以前にも存

在していたからである。残念ながら本書で用いるデータでは初職についての情報が限られており、岩田の分析と比較することができないが、いわゆる「ロスト・ジェネレーション」と呼ばれる世代以降、より最近のコーホートになればなるほど高等教育への進学率は上がる一方であるうえ非正規雇用率も上がっており（太郎丸 2009）、若者のほうがより不安定な就労状態になる蓋然性が高いとは言えるだろう。

　より若者に特徴的と思われる経路に、児童養護施設などの施設で育ったあと、安定した生活基盤を一度も確立することなく困窮状態に陥っているものがある。

　　Cさん（20代男性）：静岡県出身。物心つく前から18歳まで養護施設で育ち、施設を出た後に東京で建築関係の日雇の仕事をしていたが、暴力やいじめに遭い逃げだした。その後どうすればいいのかわからず、渋谷で野宿をしていてもやいにつながった。

　Cさんは養護施設を出てから生活の基盤をつくることができなかったことにより困窮状態に陥っている。他にも、児童養護施設を出て親元へ戻ったものの再び虐待を受けて逃げ出し路上生活にいたるなど、児童養護施設を出た後の若者が安定した生活基盤を確立できなかった場合、若者はただちに困窮状態に陥る危険がある。相談記録から児童養護施設などの児童福祉施設[3]にいた経験があることが確認できた件数は**表5-2**のとおりであり、絶対数は少ないものの、若者相談のほうが他の年齢層よりも相談時にこれらの施設にいた経験について傾向にあるのがわかる。これが実際に施設を経験した割合の違いによるものなのか、相談するうえでその経験について言及する傾向の違いによるものなのかは定かではないが、いずれにしても、若者相談者の生活困窮と成人する前の施設の経験との結びつきが他の年齢層よりも強い可能性が示唆されている。

　なお、先述のように不安定就労を続けてきたパターンがコーホート効果により強化されている可能性がある一方で、Cさんのようなケースは経済的に自立するタイミングで溜めがないことにより引き起こされている点で、ライ

表 5-2　年齢層別の成人前の施設入所の経験

	実数	割合
40 歳未満（n=1,084）	30	2.8%
40 歳以上 65 歳未満（n=1,910）	13	0.7%
65 歳以上（n=232）	0	0.0%

〔出典〕筆者作成。

フサイクルとの関連でとらえられるべきだろう。

　最後に、ここでは詳述しなかったが、一度生活基盤が不安定になると、連帯保証人の確保や高い入居費用が壁となり安定した住まいを確保することが困難になることは押さえておくべきだろう。ここで紹介したケースからは、不安定な仕事と住まいの背景には家族にまつわる問題が見え隠れしている。次節ではこの問題に焦点を当てて分析を進める。

3——家族という桎梏

(1)　家族から逃れられない若者——出身家族での困窮

　前節でみたように、若者相談者は他の年齢層の相談者に比べて出身家族のもとにいたり、実家や家族宅で住んでいる者が多い傾向にある。そのような状態でもやいに相談に来た若者たちはどのような意味で困窮しているのだろうか。ここでは若者相談者の困窮について、家族という観点からみていく。以下のケースから浮かび上がってくるのは、様々な事情で家族の元を離れたいと思っているにもかかわらず、複合的な困難を抱えているがために経済的に自立して家族の元を離れることができない若者の存在である。

　Dさん（30代女性）：埼玉の祖母の家に妹、母、祖母、おじと一緒に住んでいる。子どものころに両親は離婚した。本人は耳の障害があり、このことで母から虐待を受けていた。妹は高専を卒業後楽器店で働いていたが、

半年ほどで体調を崩し退職。本人は高校卒業後、住み込みの仕事をしていたが、うつ病を患い、家に戻ってきた。おじから身体的な暴力を受けており、姉妹で家を出たいが体調が思わしくない。

複雑な家庭事情を抱えたＤさんは母からの虐待、おじからの暴力を受けて妹と一緒に家を出たいと考えているにもかかわらず、うつ病で働くことができず、家を出ることができずにもやいに相談に来た。先に若者でネットカフェ等の利用者が比較的多い理由の一つとして労働市場における若者の優位性を挙げたが、ネットカフェ等を利用している若者のなかには、家族から逃げ出してきて窮余の策としてネットカフェ等で宿泊している者もいることをここで指摘しておきたい。とくに、生活の基盤をつくることができない状態であっても家族の元から逃れることを優先した結果、地方から上京してすぐに困窮状態に陥る若者のケースも複数ある。次に引用するのはそのうちの一つである。

　　Ｅさん（20代男性）：小学生のときに両親が離婚し、母と義理の父と妹と一緒に生活していた。高校卒業後、北関東で住み込みの仕事をしていたが、つなぎの仕事が見つからず実家に戻った。しかし、義理の父から身体的・精神的暴力を受け、精神的に辛く不眠などの症状が出始めた。家にいられなくなり、上京して新宿で日雇や売春をしながらネットカフェ生活をしている。

Ｅさんは離職して実家に戻ったところで暴力を受け、家にいることができなくなり、生活のあてがない状態で上京してすぐに困窮状態に陥った。Ｄさんは家にいる状態でもやいに相談に来ていたが、その前に限界を迎えればＥさんと同様に野宿状態となっていたかもしれない。この他にも性的マイノリティであることへの親からの差別により家にいることが苦痛となったり、親を扶養しなくてはならず親子で困窮したり、学校で経験した困難からひきこもり状態になっている若者のケースがあることは付言しておきたい。

(2) 形成家族における困難

本節の最後に、出身家族ではなく形成家族に関する困難にふれておきたい。次の事例は、結婚したもののDVにより追い詰められている女性についてである。

　Fさん（20代女性）：四国出身。19歳の時に上京して仕事をしていた。その後、結婚して妊娠したが、妊娠中に夫から身体的・精神的なDVを受けた。実家は遠く、父が事故で障害を負っており、頼ることができない。いま住んでいる家が夫名義であるうえに居場所がわかってしまうので、そこでの生活保護利用はできないでいる。

Fさんのように、結婚したもののDVにより安定した生活を続けられなくなった者は、出身家族の元に戻ることができない場合、逃げ場を失い追い詰められることとなる。DV被害は女性固有のものではないが、このような事例はジェンダー規範により生活困窮の質的な違いがもたらされることを示唆している。

おわりに

本章の内容をまとめよう。首都圏の若者一般と比べたとき、若者の相談者は住まいも仕事もきわめて不安定な状況にあり、健康に問題を抱えている者も多い。年齢層別にみたときの若者相談者の傾向としては、「出身家族」とともに「実家・家族宅」に住んでいる者や「ネットカフェ・サウナ・喫茶店」に滞在している者が多いことや、「日雇・都市雑業」をしている割合が低めで「派遣・請負・契約」の仕事をしている割合が高いこと、精神疾患を抱えている割合が高いことなどがあった。

若者相談者は比較的仕事を見つけやすいという意味においては他の年齢層の相談者に対してアドバンテージを持っており、それゆえ野宿状態に陥る前にいわばフックがある。しかしながら、一度離職した後や安定した基盤がな

い状態で早期に離家した者、養護施設等から出所した者は不安定な身分として労働市場に包摂される傾向があり、「若いから有利」とは言い難い状況におかれている。身体的・精神的な傷病はそのような「包摂」のされ方の原因でもあり結果でもある。

若者相談者が経験する困難のいま一つの特徴は——家族の問題は若者に限られるものではないが——、それが複数の側面にわたって家族の問題と結びついていることである。養護施設で育ち生活基盤を確立できなかった者や、早期に離家し職住の一致した不安定な生活を続けてきた者は、困窮状態の背景に家族問題があった。他方で、精神疾患など様々な事情で経済的な自立ができない状態で家にとどまっている者や、家族を形成したがDV等の問題が生じた者にとっては、家族といることそれ自体が困難として経験されている。とくに一部の若者については人生の初期から不利を背負わされていることが現在の困窮に直結している。

本章で見てきた事例は「欠乏」や「排除」だけによって特徴づけられるものではない。もちろん、本章でも示されているように、人生の最初期から安定した家庭をもつことができなかったり、障害や疾病によって労働市場から完全に排除されているがゆえに困窮状態にいる若者はおり、そのことに目を向けることも重要である。他方で、どんな形であれ労働市場に参加できていたり、家族と一緒に暮らしていることで住まいだけは確保できているがゆえに、量的な分析だけでは浮き彫りになりづらく、また慣習的な貧困（相対的貧困と絶対的貧困）の定義に含まれるとは限らないような困難を抱えている若者の存在も本章で示された。劣悪な労働市場に「包摂」されたり、抑圧を与える家族から逃れられずにいる若者の姿は——それゆえに野宿者等と違い目につきにくいからこそ——見逃されてはならない。

注）

[1] 女性のほうが比較的居宅の割合が多い点については、女性の場合には広義のホームレス状態、とくにネットカフェや路上での生活になることが性暴力などの被害に遭う危険をともなうものであるために、その状態に至る前に何らかの支援団体や相談機関につながろうとする傾向があることによるものだと考えられる（丸山 2010、山口恵子 2015）。

［2］ 国勢調査では年齢の区切りが35歳となっている点や、都市雑業をしていることが「就業」としてカウントされないことに留意が必要である。

［3］ 児童福祉施設とは、児童福祉法第7条で定義される施設のことである。したがって、少年院や鑑別所などは含まれない。

〈参考文献〉

岩田正美、2011、「家族と福祉から排除される若者」宮本みち子・小杉礼子編『二極化する若者と自立支援——「若者問題」への接近』明石書店、56〜73頁。

小杉礼子、2011、「自立に向けての職業キャリアと教育の課題」宮本みち子・小杉礼子編『二極化する若者と自立支援——「若者問題」への接近』明石書店、12〜27頁。

小杉礼子・宮本みち子編、2015、『下層化する女性たち——労働と家庭からの排除と貧困』勁草書房。

総務省統計局、2010、『平成22年国勢調査結果』。

太郎丸博、2009、『若年非正規雇用の社会学——階層・ジェンダー・グローバル化』大阪大学出版会。

本田由紀ほか、2006、『「ニート」って言うな！』光文社。

丸山里美、2010、「ジェンダー化された排除の過程——女性ホームレスという問題」青木秀男編著『ホームレス・スタディーズ——排除と包摂のリアリティ』ミネルヴァ書房、202〜232頁。

宮本みち子、2012、『若者が無縁化する——仕事・福祉・コミュニティでつなぐ』筑摩書房。

山口恵子、2015、「折り重なる困難から」小杉礼子・宮本みち子編『下層化する女性たち——労働と家庭からの排除と貧困』勁草書房、141〜163頁。

労働政策研究・研修機構、2006、『労働政策研究報告書No.72 大都市の若者の就業行動と移行過程——包括的な意向支援にむけて』。

第6章

女性の貧困の特徴──女性は貧困にもなれない？

丸山里美
立命館大学産業社会学部准教授

はじめに

　本章では、もやいを訪れる相談者を性別によって比較する。もやいの相談者は9割近くが男性であるため、本書の他の章で行われている分析のほとんどは男性の特徴を示していると考えられるだろう。そのため本章では、とくに女性相談者を取り上げて、男性と対比させながらその特徴を把握することを目的とする。それを通して、女性の貧困の特徴をとらえることをめざしたい。

　女性の貧困については、メディアでも注目が集まり、最近になって様々なルポルタージュが書かれている（NHK「女性の貧困」取材班 2014、鈴木 2014、同 2015、中村 2015 など）。しかし、シングルマザーに焦点をあてたものを除いて、女性の貧困に関する研究については、その蓄積は多いとはいえないだろう。そのなかでは、内閣府男女共同参画局（2010）が男性と女性の抱える困難について政府統計を分析しており、男性と女性の貧困率が各14.4％と17.4％であると指摘している。また、小杉・宮本編（2015）が若年女性の貧困の問題を多方面から取り上げているほか、飯島裕子（2016）は広く女性の貧困について、様々な事例をもとに実態と構造を論じている。これらの研究では共通して、女性は男性と比べて無職だったり低賃金のことが多く、より貧困に陥りやすいことが示されている。本章も、これらの成果につ

らなるものである。

　もやいは、貧困問題に取り組む団体として知られているが、実際には貧困だけに限定されない多様な困りごとの相談が寄せられている。そのため、必ずしももやいの相談者イコール貧困者というわけではない。しかし、もやいのような相談機関で、量的分析が可能な程度に男女それぞれの相談記録が残されているところはあまり類がなく、女性の貧困の特徴の一端を男性と対比させて理解し、いまだ質量ともに十分とはいえない女性の貧困に関する研究を豊富化させていくうえで、本調査は貴重なものといえるだろう。

　女性貧困者の相談というと、DVにかかわるものや、シングルマザー、外国人からの相談などが多いと予想されるかもしれない。しかしこうした相談は、もやい以外の専門的な相談窓口・機関に集まっていると考えられ、今回のデータのなかでは少数であることをあらかじめ断っておく。また、もやいの相談票の性別の欄は、「男性」・「女性」・「その他」の3択になっており、「その他」にチェックがついていた人が16人いたが、本章は女性の貧困の特徴を描くことを目的にするため、量的分析には含めないこととする。

　以下では、まず第1節において、相談票の量的分析から男女の比較を行う。それによって、男性相談者と女性相談者はどのように異なるのかを把握する。第2節では女性のみを取り上げて、相談票の自由記述部分から読み取れる女性の相談の特徴的な部分を描いていく。第3節では、もやいの相談者から見える女性の貧困の特徴を検討していきたい。

1——量的データから見る女性の相談

　もやいに相談に来る人は圧倒的に男性が多く、女性は14.0％（458ケース）にすぎない。第1章で述べられているように、2009年・2010年は派遣村の前後にもやいが多くメディアに出たことによって、派遣村に集まっていた人に類似する人びとの相談がもやいに殺到した特殊な時期であるが、この2年を除くと、相談者のうち女性の数は例年60人程度で、全相談者数に占める割合は2割弱と、大きな変化は見られない（第2章の図2-7参照）。この女性の割合は、類似する調査のなかではかなり高いものであり（第2章の**表**

2-1参照)、同様に女性の割合が高いネットカフェ難民調査[1]では男女の比較がなされていないことから考えると、本分析は貴重なものである。

(1) 女性は若く、世帯構成は多様、結婚経験が多く、学歴が高い

平均年齢は男性が45.8歳、女性は42.6歳と、年齢層は女性がやや若い。最も多い年齢層も、男性が40代であるのに対して女性は30代であり、女性の相談者のほうが若い傾向にある (図6-1)。男性は単身者からの相談がほとんどだったが、女性の場合は単身者が約半数で、親きょうだいとの同居や、夫婦・カップル、母子世帯など、様々な世帯構成の人がいた (図6-2)。結婚経験は、相談のなかで自発的に語られない限りあえてたずねておらず、相談票に記入がないことが多い項目だが、結婚経験があると語ったのは男性11.7％、女性33.0％で、女性のほうがより結婚経験がある人が多いことが推測される[2]。学歴については、無回答が多いため信頼性が高いデータとはいえないが、女性は男性に比べて中卒の人が少なく、短大・専門学校卒や大卒の人が多く、より学歴が高い傾向がある (図6-3)。

(2) 女性はより安定した居所に暮らしている

男性は相談時点で38.2％が野宿、72.0％が野宿やネットカフェや施設、知人宅への居候などを含む広い意味でのホームレス状態にある人だったのに対して、女性は野宿していた人は4.3％、広い意味でのホームレス状態の人は34.2％、実家や賃貸などを含む住宅に住んでいた人は64.8％と、男性に比べて多くが安定した居所に住んでいた (図6-4)。一方で、女性は不安定居住状態にある人が男性と比べて少ないにもかかわらず、知人宅に居候しているという人は11.5％と、男性の5.3％と比べると多かった。女性は家を失ったとき、野宿をするよりも「隠れたホームレス」になりやすいことは欧米の研究でも指摘されており (Edgar and Doherty eds. 2001)、居候という形態が男性より多いこともそのあらわれと考えられる。

(3) 女性はより安定的な仕事を持ち、所持金も多い

相談に来た時点で仕事をしていた人は男性21.5％、女性33.2％と、男性よ

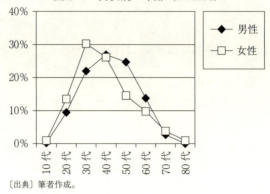

図 6-1　男女別・年齢（N=3196）

〔出典〕筆者作成。

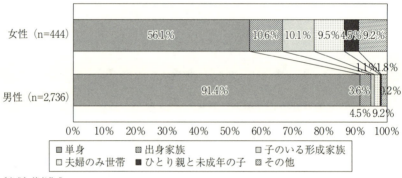

図 6-2　男女別・世帯構成

〔出典〕筆者作成。

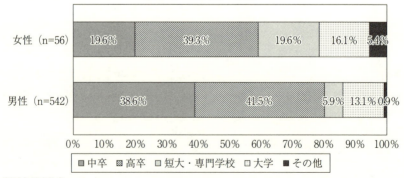

図 6-3　男女別・学歴

〔出典〕筆者作成。

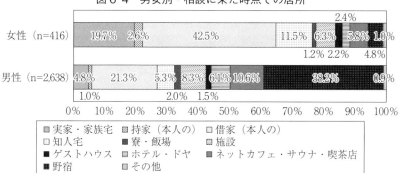

図6-4 男女別・相談に来た時点での居所

〔出典〕筆者作成。

り女性のほうが仕事を持っている人が多かった。就労形態で最も多いのは、男性では日雇・都市雑業だったのに対して、女性はアルバイト・パートが4割ほどで最も多く、女性は男性に比べてより安定した職に就いていた（第4章の図4-2参照）。なお、男性が就いている職種は多い順に、販売・サービス・飲食関係12.7％、運送・運輸・ポスティング11.7％、建設・設備・土木10.4％であるのに対し、女性は販売・サービス・飲食関係36.6％、事務・教育・専門職19.8％、派遣・契約・アルバイト[3] 15.0％だった。また、相談に来た時点での所持金は、男性の中央値が1500円、女性は1万2000円と、女性はより所持金があるうちに相談に来る傾向があった。

(4) **女性は公的支援の経験・申請が少なく、健康状態、なかでも精神的な健康状態が悪い**

また、過去に生活保護やホームレス自立支援事業などの公的支援を利用した経験のある人は、男性では41.1％いたのに対して、女性では18.2％と、女性は男性に比べて少なかった[4]。さらに、もやいに相談に来たのち多くの人は生活保護申請をすることになるが、男性で保護申請をしたのが63.5％であるのに対し女性は37.5％と、こちらもかなり少なかった。

健康状態については、女性は男性に比べて心身の不調を訴える人が多く、男性では75.9％であるのに対して、女性では92.8％とほとんどを占めている[5]。とくに、女性は男性と比べて精神的な不調を抱える人が多いのが特徴

図 6-5 男女別・年代別・疾病

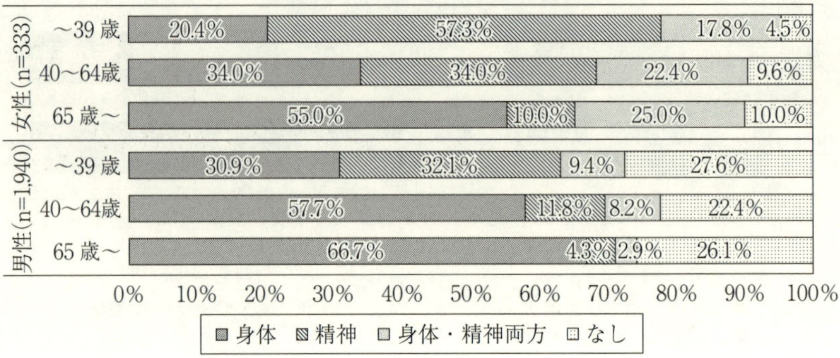

		身体	精神	身体・精神両方	なし
女性 (n=333)	～39歳	20.4%	57.3%	17.8%	4.5%
	40～64歳	34.0%	34.0%	22.4%	9.6%
	65歳～	55.0%	10.0%	25.0%	10.0%
男性 (n=1,940)	～39歳	30.9%	32.1%	9.4%	27.6%
	40～64歳	57.7%	11.8%	8.2%	22.4%
	65歳～	66.7%	4.3%	2.9%	26.1%

〔出典〕筆者作成。

的である。また、男女ともに年齢層が若いほど精神的な不調を抱える人が多かった（図6-5）。

(5) 女性相談者は男性より生活が安定している

以上のような男女の量的データの比較から、女性は男性と比べて、学歴が高く、ホームレス状態の人が少なく、相談時点で仕事を持っている人が多く、その就労形態もより安定したものが多い。所持金も、女性は男性より多く持った状態で相談に来ていることがわかる。また、過去に公的支援を受けたことがある割合も、女性は男性に比べてかなり少なく、もやいに相談した結果、生活保護を申請することになるのも女性は男性と比べて少ない。以上のことから、女性は男性よりも、生活が安定した層の人が相談に訪れていることが推測される。

「はじめに」で紹介した先行研究でも示されているとおり、概して女性は男性に比べてより貧困である。しかし、ここまで見てきたとおり、もやい相談者の男女を量的に比較すると、一般的に予想されることとはまったく逆に、女性相談者は男性に比べて、総じてより生活が安定していることがわかるのである。

2──事例から見る女性の相談

では、実際に女性たちから寄せられていた相談とはどのようなものだったのだろうか。次に具体的な事例から、女性の相談の特徴を見ていく。

（1） 若年女性

まず、女性の相談の44.6％を占める39歳以下の若年層の相談を見てみる。これには大きくわけて、2つのパターンがあった。1つ目は、困難を抱えた家庭に育ったため、体調の悪化や失業などの問題に直面しても、実家を頼れないというものである。

　　Aさんは20代後半。物心ついたときから父は行方不明、母には精神疾患があって、実家は生活保護を受けていた。母が養育できないため、4歳から叔母の家に引き取られるが、そこで虐待される。中学卒業後、家を出てアルバイトを転々とし、性産業などでも働く。しかし鬱がひどくなり、仕事を続けられなくなった。借金があるが、母や叔母には頼りたくない。現在は知人男性宅に居候中だが、いつまでも住み続けるわけにもいかず、もやいに相談に訪れる。

生活に困窮しているが実家には頼れないというこのような相談は、20代前半までのとくに若い女性に多く見られた。親が養育できないために親戚宅で育ったり、虐待を受けていたり、親が精神疾患を抱えているなど、困難な家庭で育ったことから、早くに離家している場合が多い。そのことの影響か、本人も精神的に不安定で仕事を続けられないということがしばしば見られる。第1節で、女性は居候をしている割合が男性よりも多いと述べたが、Aさんの事例のように、知人の男性宅に一時的に住み着いているようなケースも目についた。このなかには、「神待ち少女」といわれて2000年代後半ごろから一部メディアでも話題になった、家出をしていて住む場所がなく、宿泊場所や食事を提供してくれる男性宅に短期的に居候している女性も含まれている

と考えられる（黒羽2010など）。Aさんのように、性産業で働いていたり、その経験があるという女性も散見された。

若年女性のもう1つの典型的な相談は、現在は実家で暮らしているが、家族と関係が悪く、家を出たいというものである。出身家族と暮らしているのは39歳以下の女性のうち17.7％を占めていた。こうした女性からの相談は、一見生活に困窮していないように見えるが、親やきょうだいから虐待を受けているというものや、本人が精神的な不調を抱えているが、家族の理解がないために家にいづらいというものが目立った。若年女性の相談では、第1節で見たように、75.1％と多くが精神的な疾病を抱えており（身体・精神両方の疾病がある人を含む）、そのことが原因で就労の継続が難しかったり、家族との同居に困難を感じる人が多かった。そしてその結果として、生活困窮につながっていくケースがしばしば見られた。

(2) 失業と暴力

相談者の年齢が高くなると、失業が直接的な原因で生活困窮にいたったという相談が増えていく。39歳以下の若年女性では、派遣や契約などの形態で働いていたが、雇用期間が終了しても仕事が見つからなくなってきたという人が目につく。相談時点ではかろうじて働いていても、月収が10万円を切り、家賃を払うと生活が立ち行かなくなってきているという人もいる。さらに年齢が上がると、パートなどを解雇されたあと仕事が見つからない、体力的に仕事を続けることが難しくなってきたなどの相談が増えていく。こうした背景には、労働環境自体が悪化していることがあるだろう。

また、女性の相談には暴力が大きな影響を及ぼしていることも、相談事例から読み取れる。

　Bさんは30代前半。家賃節約のためにシェアハウスに居住中。正社員として働いていたが、20代のとき元彼に殴られて怪我をし、PTSDに。解離性障害と診断される。それをきっかけに仕事を続けられなくなり退職。現在は派遣で月8万円ほど稼ぎなんとかやっているが、仕事に行くのがつらく休みたい。男性が怖い。医療費が心配で、病院には断続的にしか行け

ていない。生活費に使った100万円ほどの借金がある。実家には頼りたくない。

　相談のなかで語られる暴力には、夫や彼氏からのDVだけではなく、きょうだいや自分の子からの暴力、性暴力なども含まれる。さらにストーカー被害や幼少期に経験した虐待、職場でのパワハラ・セクハラなども合わせると、相談のなかで暴力にあった経験を語る人は98人に及んだ。相談のなかでは本人が自発的に語らない限り、暴力被害の経験についてたずねてはいないが、抱えている困りごとを相談するのに言及せざるをえないような深刻な被害を経験した女性が、少なく見積もっても全女性相談者の21.4％いるということである。男性の相談のなかで同様の経験を語る人の割合は2.2％であったことと比べると、その違いは顕著である。そしてBさんの例に見られるように、これらの暴力被害の経験がメンタルの不調につながり、それが就労や人間関係を難しくさせていることが少なくなかった。
　なお、賃金の低下や非正規雇用の増大によって生じていると考えられるワーキングプアの問題は、もやいの相談者ではわずかだったことも指摘しておかなければならない。女性の貧困について論じた飯島（2016）は、正社員でも貧困に陥る雇用環境があり、非正規雇用だとなお厳しい現実を描いている。しかしもやいの相談者では、仕事を持っている人がそもそも少数であり、仕事を懸命に続けているが貧困という、雇用環境に困窮の原因を求められるようなケースはごくわずかで、多くは人間関係、心身の不調などが折り重なり、安定して仕事を継続できないという、より厳しい状態にあった。

(3)　世帯のなかの貧困

次は、世帯のなかに隠れて見えにくくなっている貧困の事例である。

　Cさんは40代前半。難聴で身体障害者手帳3級、月額4000円の心身障害福祉手当を受給している。夫と小学生の息子と賃貸住宅に暮らしているが、息子はいじめにあい不登校。夫からは月3万円渡されて家計をすべてまかなうよう言われるが、食費や息子の教材費にも足りない。しかし、夫

は自分の趣味には高額を費やしている。本人は難聴に加え、糖尿病、偏頭痛などもあって働けないが、夫は治療費もくれず、病院にも行くなと言う。以前に生活費の不足と、怪我の治療費を払うために本人名義の借金をしたが返済できず、自己破産している。夫は本人にも息子にも暴言を吐くため、離婚したい。

　夫からの身体的暴力こそないが、Ｃさんは暴言を吐かれる、生活費を渡してもらえないなどの精神的・経済的暴力を受けている。そして、ここで重要なのは、Ｃさん自身は生活に困窮していても、世帯全体で見れば貧困ではないという点である。夫が家計を管理しており、自分の趣味にはお金を使っても、Ｃさんは家計費として手渡される３万円と自身に振り込まれる手当しか収入がなく、食費や養育費が足りないのである。しかし、世帯全体を一つの単位として見るなら、Ｃさん一家には収入があり、一般住宅にも住んでいて、困窮しているとはいえない。Ｃさんが離婚をして家を出れば途端に貧困に陥り、住まいも失うが、もやいに相談に来たこの時点では、貧困であるともホームレスであるともいえないのである。したがって、相談票の「収入」や「居所」の欄を見ただけでは、あたかも生活に困窮していないかのような記録が並んでしまう。

　このように、世帯全体で見たときは貧困ではなくても、そのなかにいる個々人が生活に困窮しているということがある。第２節で紹介したとおり、女性は男性と比べて相談後に生活保護申請をする割合が低いが、それはＣさんのように、収入のある夫と離れない限り貧困であるとはみなされず、生活保護申請もできないということを反映していると考えられる。このようなかたちの世帯のなかに隠れて見えにくい貧困は、女性に特徴的なものだといえるだろう。

(4) 家族のケア

　50代以上の女性では、単身世帯に次いで多いのが、子と同居しているケースであった。

Dさんは60代前半。20代後半の次男と10年前から市営住宅で二人暮らし。DVを受けていたため夫とは早くに離婚した。長男はタクシー運転手で、結婚して家を出ている。次男は高卒後に仕事についたが、数ヶ月しか続かず、ひきこもるようになる。以前は母親に対して殴る、蹴るなどの暴力をふるっており、今では顔も合わせず口もきかない。次男には妄想もあるようだが、病院は未受診。本人は清掃パートの月7万円と年金の3万5000円で次男との生活費をやりくりしている。糖尿病と高血圧で通院しているが、足のしびれが起きており、いつまで仕事を続けられるかわからない。

　Dさんのように、成人した子の生活を高齢の母親が支えようとしているが、年齢のために仕事の継続が難しくなってきて、生活に行きづまるというケースが一定数あった。多くは子から暴力をふるわれている。母親一人なら生活していくことができても、働いていない子の面倒を見ようとして生活に困窮していく。
　このように女性の相談のなかには、女性が他者のケアを引き受けるために生じると考えられる生活困窮が見られた。家事や育児、家族の介護をするために仕事をやめたり、短時間労働に切り替えるというのは、多くの女性に共通する経験だろう。その結果、自身の収入は減少する。家族の関係が良好ならそれが直接的に経済的な困窮につながることはないが、家族関係が破綻すると、ケアを優先して仕事を調整した人がより生活に困窮することになり、多くの場合それは女性である。とくにシングルマザーからの相談は、就労と子の養育の両方を一人で担っているために、ぎりぎりの生活を強いられているというものがほとんどだった。

(5)　性別に違和を感じる

最後に、性別欄に「その他」のチェックのあった事例を見ておこう。

　Eさんは30代前半。男性の身体で生まれたが、幼いころから自分は女性だと思っていた。職場では「なよなよしている」といじめられ、仕事が

続かず、新しい仕事も見つからない。現在は水商売で貯めた貯金を崩して生活し、ネットカフェに泊まっている。ときどき売春して稼ぐ。生活を立て直し、診断・治療を受けたいと生活保護申請に行くが、女性施設に入りたいという希望を拒否され、男性施設に入るよう言われた。男性が怖く、行きたくない。

性別欄に「その他」のチェックがあった16人は、みな自分の性別に違和を感じていた。そのために偏見や差別にさらされ、仕事が続かなかったりできる仕事が見つからず、生活に困窮しているという相談がほとんどだった。仕事をしていた場合でも水商売や性産業が多く、それ以外の仕事を見つけにくい事情がうかがわれる。さらに多くの人に共通していたこととして、施設入所が難しいという問題があった。東京23区では、生活保護申請時に施設入所を求められることが多いが、男女どちらの施設に入所するかで揉め、生活保護につながりにくいのである。そのため居所も、野宿やネットカフェ、居候など、不安定な状態の人が多かった。また性別への違和や、それへの偏見・差別を原因として生じるメンタルヘルスの問題を抱えていると思われる人も散見されたほか、ホルモン治療や、性転換の手術などに医療費がかかるという問題も複数の人に見られた。これらはすべて、性別に違和を感じていることで生じる生きづらさが生活困窮につながっていた事例だといえるだろう。

3——女性の貧困の特徴

(1) 女性は男性より早めに相談している？

第1節で見てきたように、もやいの相談者の男女を量的に比較すると、学歴や居所、職業、所持金などの点から、総じて女性は男性と比べて経済的な困窮度合いが低い人が多かった。つまり、女性は男性よりも生活が安定した層の人が相談に訪れているのである。

しかしこのことを、女性相談者が男性に比べて貧困ではない、と単純に考

えていいのだろうか。女性は男性と比べて、生活に完全に困窮する手前の段階で、手持ちのお金がまだあるうちに相談に来ている、と解釈することもできる。男性は職も失い、所持金もほとんど尽きてからようやく相談に訪れるのに対して、女性は今日明日の生活はやっていけるが、近い将来生活に困窮するということを見越して、早めに相談に訪れているのではないだろうか。女性が野宿をするのは危険であると考えられているため、そうなる以前に行動しているのかもしれない。対照的に、生活が完全に立ち行かなくなるぎりぎりまで相談に訪れない男性のあり方もまた、他者に弱みを見せたり助けを求めたりすることをよしとしない「男らしさ」の規範に縛られているためだと解釈できるかもしれない。

(2) 男性より多様な経路

さらに、男性の相談者はほとんどが単身者で、他の章でも述べられているとおり、失業をきっかけに生活困窮に陥っていくというのが最もよくあるパターンであったのに対して、女性は世帯構成がより多様で、ゆえに相談の中身も男性よりもバラエティに富んでいることが指摘できる。単身者の場合にも、雇用環境の悪化や高齢化に原因を求められるような失業だけではなく、心身の不調、人間関係、暴力などが女性たちの生きづらさにつながっており、男性に比べて多様な相談内容が語られていた。

(3) 男性でも若年層は女性に似た特徴を示す

また第2節では、若年女性によく見られる相談ケースとして、困難を抱える家庭に育ったために、問題に直面しても実家を頼れないというものと、家族との関係が悪く、実家を出たいという2つのパターンがあったことを述べた。ここで指摘しておかなければならないのは、これらの相談は、若年男性にもしばしば見られるということである。男性の場合にも、若年層は他の年齢階層に比べて出身家族との同居率が高かったり（39歳以下では6.1％、それ以上では2.5％）、精神的な不調がある人が多く（図6-5）、若年女性と同様の問題を抱えている様子がうかがわれる。

最近では若年層を中心に非正規雇用が広がり、男性でも正社員で終身雇用

されるという働き方が減少してきている。このような意味で、若年男性の抱える困難は、もともと非正規で働くことが多かった女性の状況に似てきていると考えられるかもしれない。

(4) 女性は貧困にもなれない？

さらに第2節では、世帯全体で見れば貧困ではなくても、そのなかの個人が生活に困窮しているという、世帯のなかに隠れた貧困の存在を指摘した。父や夫が就労していることで世帯収入はあるが、家事・育児・介護を引き受けているために、女性自身は仕事をしていなかったり低収入という世帯は現在でも多数を占める。それでも家族関係が良好であればよいが、事例で見てきたように、生活費を渡してもらえないということがあったとき、たとえ世帯にどれほどの収入があろうとも、一部の成員が生活に困窮しているということが起こりうるのである。

現在のところ、貧困を把握する際の単位として、世帯が用いられるのが一般的である。たとえば貧困を示す指標としてしばしば用いられる貧困率は、「世帯の可処分所得を世帯人員数の平方根で割った中央値の50％（貧困線）に達しない世帯員の割合」とするのが一般的である。このとき世帯は一体のものであり、所得は世帯内で平等に分配されていることが前提になっている。しかし、現実にはそのようにはなっていない可能性があり、世帯のなかのある人だけが貧困状態にあるということもある。とくに、自身の収入がなかったり少なかったりする女性や子どもは夫や父に経済的に依存せざるをえず、そのような状態になりがちである。また、世帯を一体のものとする現在の貧困の把握の仕方では、今は貧困ではなかったとしても、別居や離婚をすれば貧困に陥るリスクがあることをとらえられない。つまり、このような形の困窮状態は、現在の世帯を単位とした貧困把握の方法ではとらえることができないのである。

こうした女性たちが家を出れば、シングルマザーにしばしば見られるような厳しい貧困に陥ることになるが、世帯のなかにいるままでは貧困であるという把握すらしてもらえない存在である。しかし、貧困になることを恐れて、暴力にさらされていても離婚できないという女性は少なくないだろう。そう

考えると、彼女たちのおかれている状況は、「貧困にもなれない」のだといえるかもしれない。もやいの相談者の女性が男性より困窮していないように見えた理由の一つは、統計には貧困としてあらわれてきにくいこうした女性たちの存在のためではないだろうか。

(5) 関係性にからめとられているがゆえの生きづらさ

最近では「関係性の貧困」という言葉がよく聞かれる。たとえば仁藤夢乃（2014）は、居場所や社会的な関係を持たずに孤立している女子高生たちの現状を説明するのに、この言葉を用いている。しかし、もやいに相談に訪れる女性たちの経験は、若年者については仁藤が指摘したものと同様の面が見られるが、総じていえば、関係性の貧困とは正反対で、関係性にからめとられているがゆえの生きづらさといえるのではないだろうか。女性たちの相談のなかでは、男性と比べてはるかに多くの暴力被害の経験が語られていたことや、世帯のなかに隠れた貧困の存在などを考慮すると、女性の抱える困難は、関係性から脱することができないからこそ生じていると考えられる。これは、単純な経済的貧困に収束されない女性の貧困の特徴を示しているとはいえないだろうか。

注)
[1] 2007年に厚生労働省により行われた、いわゆるネットカフェ難民の実態に関する調査（厚生労働省職業安定局2007）。
[2] 筆者が行った調査でも、女性のホームレスは男性と比べて結婚経験がある人が多いことが示されており（丸山2013）、貧困者のなかで結婚経験があるのは男性より女性のほうが多いことが推測される。しかし、女性の相談は男性と比べて、経済状況や自身が抱えている問題を説明する際に家族に言及せざるをえないことが多く、そのことも女性のほうがより結婚経験について語っている理由の一つになっていると考えられる。
[3] 「派遣・契約・アルバイト」は、正確にいえば「職種」ではなく「就労形態」だが、相談票の「職種」の欄にこのようにしか記載がないことも多く、第4章の注[2]で述べられているように、この記述も職場を転々とする派遣や日雇の実態をあらわしていると考えられることから、「職種」としてあえてこの分類を残している。
[4] 第7章でも述べられているとおり、男性では3割の利用者がいるホームレスの人

向けの自立支援事業は、女性はほとんど利用できないことも、女性の公的支援の経験率を下げているものと思われる。

[5] 健康状態は、第2章でも述べられているとおり、本人の申告にもとづくもので、相談票に何も記載されていない場合、申告がなかったのか、健康状態に問題がないということか、判別がつきにくい。分析結果は、このような「不明」ケース3割を除いたものであることは断っておく。

〈参考文献〉

Edgar, Bill and Joe Doherty(eds.), 2001, *Women and Homelessness in Europe*, The Policy Press: UK.

飯島裕子、2016、『ルポ 貧困女子』岩波書店。

黒羽幸宏、2010、『神待ち少女』双葉社。

小杉礼子・宮本みち子編、2015、『下層化する女性たち――労働と家庭からの排除と貧困』勁草書房。

厚生労働省職業安定局、2007、『住居喪失不安定就労者等の実態に関する調査報告書』。

中村敦彦、2015、『女子大生風俗嬢――若者貧困大国・日本のリアル』朝日新聞出版。

内閣府男女共同参画局、2010、『生活困難を抱える男女に関する検討会報告書――就業構造基本調査・国民生活基礎調査 特別集計』。

NHK「女性の貧困」取材班、2014、『女性たちの貧困――"新たな連鎖"の衝撃』幻冬舎。

仁藤夢乃、2014、『女子高生の裏社会――「関係性の貧困」に生きる少女たち』光文社。

丸山里美、2013、『女性ホームレスとして生きる――貧困と排除の社会学』世界思想社。

鈴木大介、2014、『最貧困女子』幻冬舎。

鈴木大介、2015、『最貧困シングルマザー』朝日新聞出版。

第7章
繰り返される支援——公的支援との接合

北川由紀彦
放送大学教養学部准教授

はじめに

　もやいの相談者のなかには、生活保護などの公的な支援制度とそれまでかかわりを持っていなかった人がいる一方で、過去に制度を利用した経験がある人もいて、他の節で確認したように、その割合は時間の経過とともに増加する傾向にある。過去に公的支援を利用した経験がある人には、①過去に公的な支援を利用して困窮状態から脱し、制度を利用する必要がなくなった（ために制度利用自体が終了した）が、その後再度生活困窮に至った人と、②過去に公的な支援を利用したが、困窮から脱していないにもかかわらず制度利用を打ち切られるなどして行き詰まった人、の2種類が含まれる。本来、生活困窮者に対する公的な支援は、困窮状態から脱するための支援のはずだが、必ずしもそうした機能が十分に果たせていないともいえる。ここでは、限られたデータからではあるが、公的支援利用経験者に注目することで、彼ら・彼女らが再度生活困窮に至った文脈に迫りたい。

1 ── 過去の公的支援利用経験者の特徴

(1) 男性で利用経験が多い

　まず、性別による違いは**図7-1**のとおりで、男性で約4割がなんらかの公的支援の利用経験があるのに対し、女性では2割未満となっている[1]。また、利用経験のある支援の種類では、東京23区では自立支援事業は男性のみを対象としている（他の自治体では女性も対象としている所もある）こともあってか、女性では自立支援事業利用経験者はいなかった。また、男女とも、最も利用経験があるのは生活保護となっていて、男性ではおよそ3割に生活保護の利用経験がある。また、女性の「その他」の中身では、社会福祉協議会の生活資金貸付、DVシェルター、婦人保護施設などが挙がっていた。

(2) 保護経験ありでやや高齢

　また、利用経験と年齢の関係は**表7-1**のとおりである。「生活保護のみ」は50代が最多となっているのに対し、「自立支援事業」は若干年齢が低い。また、「なし」層はより若い年齢構成となっている。

(3) 経験ありは単身で多い

　また、利用経験と世帯構成との関係は**表7-2**のとおりで、単身世帯で利用経験が4割程度、夫婦のみ世帯で1割強などとなっている。

(4) 経験ありは居所なし多い

　また、相談時の居所としては、「経験あり」層では全般的に「居宅」の割合が低く、「野宿」が目立って高く5〜6割程度となっている（**表7-3**）。もやいに相談に訪れるまでの居所の変遷についての系統的で集計可能なデータはないのだが、記録から読み取れる限りでは、行き先を確保できないまま施設を退所するなどして野宿あるいはそれに近い状態に至った末にもやいにたどり着いた、というケースが目立つ（施設退所の経緯についてはすぐ後の項

図 7-1 過去の公的支援利用経験と性別

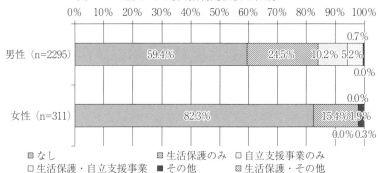

〔出典〕筆者作成。

表 7-1 過去の公的支援利用経験と年齢分布、平均年齢

	10代	20代	30代	40代	50代	60代	70代	80代	合計	平均年齢
なし	6 0.4%	196 12.2%	417 25.9%	425 26.4%	342 21.3%	189 11.7%	32 2.0%	2 0.1%	1,609 100.0%	44.56
生活保護のみ	0 0.0%	32 5.3%	115 18.9%	157 25.8%	172 28.2%	112 18.4%	20 3.3%	1 0.2%	609 100.0%	49.13
自立支援事業のみ	0 0.0%	19 8.3%	48 20.9%	72 31.3%	69 30.0%	20 8.7%	2 0.9%	0 0.0%	230 100.0%	45.67
生活保護・自立支援事業	0 0.0%	6 5.0%	19 15.7%	47 38.8%	38 31.4%	10 8.3%	1 0.8%	0 0.0%	121 100.0%	46.98
その他	1 4.8%	1 4.8%	5 23.8%	10 47.6%	1 4.8%	3 14.3%	0 0.0%	0 0.0%	21 100.0%	42.24
生活保護・その他	0 0.0%	1 50.0%	0 0.0%	1 50.0%	0 0.0%	0 0.0%	0 0.0%	0 0.0%	2 100.0%	36.50
合計	7 0.3%	255 9.8%	604 23.3%	712 27.5%	622 24.0%	334 12.9%	55 2.1%	3 0.1%	2,592 100.0%	45.82

〔出典〕筆者作成。

目でふれる)。

(5) 利用経験あり・居所「施設」の半数以上が民設宿泊所

また、「経験あり」ケースで相談時の居所が「施設」であったケースについて、施設の内訳を分類・集計したものが図7-2である。

民設の宿泊所（第二種社会福祉事業の無料・低額宿泊所）が半数以上を占めており、次いで自立支援センターや緊急一時保護センターなどの、ホームレス自立支援事業の施設が2割などとなっている。

最も多い「宿泊所（民設)」からの相談の具体的内容では、施設内での生活に対する不満（住環境や食事が劣悪である、集団生活に耐えられない、施設内での処遇が軍隊式でひどい、利用料が高額である等）や入所者間トラブルなどがあって、あるいは退所させられ（そうになって)、アパート入居・転宅を希望するというケースが目立った。

　Aさん（40代・男性）：都内のアパートで生活していたが、勤務先が倒産し、家賃を滞納して退去させられ千葉県Ｘ市の民設宿泊所で生活保護を受給するようになる。宿泊所は6畳間に4人が同居し、家賃4万6000円、朝夕の食費2万9000円などが保護費から引かれ、手元に残るのは3万円弱。アパートへの転宅を希望しているが、担当ケースワーカーからは、就職して収入が安定するまで転宅は認められず、また現在の宿泊所を出たら保護を廃止する、と言われているためもやいに相談に訪れた。

無料・低額宿泊所については住環境、運営方法や利用者処遇などの質に公設・民設間でもまた民設施設間でも相当の幅があり、とくに低質なものに関して様々な批判や指摘がこれまでなされてきているところである（たとえば藤田孝典2010、五石敬路2011、山田壮志郎2016)。グラフに示した結果は、もやいがそうした低質な宿泊所の利用者になってしまった人びとにとっての「駆け込み寺」にもなっていることを示しているとも言える。ただし、後に述べるように、低質な宿泊所、あるいは自身の希望にそぐわない施設に入ってしまったことが記録から推定できる人においてより目立つのは、先の見通

表 7-2　過去の公的支援利用経験と世帯構成

	なし	生活保護のみ	自立支援事業のみ	生活保護・自立支援事業	その他	生活保護・その他	合計
単身	1362 59.3%	572 24.9%	227 9.9%	117 5.1%	18 0.8%	2 0.1%	2,298 100.0%
出身家族	90 90.9%	5 5.1%	2 2.0%	0 0.0%	2 2.0%	0 0.0%	99 100.0%
子のいる形成家族	43 97.7%	0 0.0%	0 0.0%	1 2.3%	0 0.0%	0 0.0%	44 100.0%
夫婦のみ世帯	58 85.3%	9 13.2%	1 1.5%	0 0.0%	0 0.0%	0 0.0%	68 100.0%
ひとり親と未成年の子	16 88.9%	1 5.6%	0 0.0%	0 0.0%	1 5.6%	0 0.0%	18 100.0%
その他	52 73.2%	15 21.1%	3 4.2%	1 1.4%	0 0.0%	0 0.0%	71 100.0%
合計	1621 62.4%	602 23.2%	233 9.0%	119 4.6%	21 0.8%	2 0.1%	2,598 100.0%

〔出典〕筆者作成。

表 7-3　過去の公的支援利用経験と相談時の居所

	居宅			不安定居住						野宿	その他	合計
	実家・家族宅	持家（本人の）	借家（本人の）	知人宅	寮・飯場	施設	ホテル・ドヤ	ゲストハウス	ネットカフェ・サウナ・喫茶店			
なし	134 8.6%	21 1.3%	415 26.6%	102 6.5%	33 2.1%	106 6.8%	73 4.7%	25 1.6%	169 10.8%	472 30.3%	10 0.6%	1,560 100.0%
生活保護のみ	8 1.4%	2 0.3%	68 11.6%	36 6.2%	11 1.9%	59 10.1%	34 5.8%	6 1.0%	53 9.1%	300 51.3%	8 1.4%	585 100.0%
自立支援事業のみ	2 0.9%	0 0.0%	40 18.7%	6 2.8%	3 1.4%	20 9.3%	12 5.6%	3 1.4%	24 11.2%	104 48.6%	0 0.0%	214 100.0%
生活保護・自立支援事業	1 0.9%	0 0.0%	9 7.8%	2 1.7%	0 0.0%	13 11.2%	6 5.2%	2 1.7%	9 7.8%	73 62.9%	1 0.9%	116 100.0%
その他	1 5.6%	2 11.1%	4 22.2%	2 11.1%	1 5.6%	1 5.6%	0 0.0%	0 0.0%	3 16.7%	4 22.2%	0 0.0%	18 100.0%
生活保護・その他	0 0.0%	0 0.0%	1 100.0%	0 0.0%	0 0.0%	0 0.0%	0 0.0%	0 0.0%	0 0.0%	0 0.0%	0 0.0%	1 100.0%
合計	146 5.9%	25 1.0%	537 21.5%	148 5.9%	48 1.9%	199 8.0%	125 5.0%	36 1.4%	258 10.3%	953 38.2%	19 0.8%	2,494 100.0%

〔出典〕筆者作成。

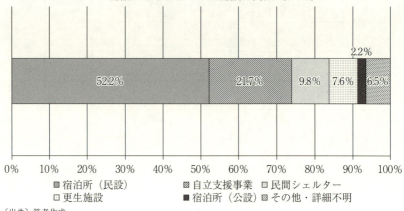

図 7-2　過去に公的支援利用経験があり、相談時居所が施設であったケースの施設の内訳（n=92）

〔出典〕筆者作成。

しがないまま自ら施設を退所する（その後、野宿状態やネットカフェ生活、飯場生活などを経てもやいにたどり着く）というケースである。

また、自立支援事業の施設からの相談の具体的な内容では、アパート入居時の保証人相談（もやいがもともと自立支援センター等からアパート入居する際の保証人提供事業から始まった経緯とも関連か）のほか、自立支援センター利用期限内に就労自立の目処が立たなかったりトラブルに遭ったりして、次の行き先も決まらないまま退所させられそうになった、というケースや、本人の希望に沿わないかたちで別の施設（集団生活を前提とした宿泊所等）への入所を求められた、というケースが目立った。

　　Bさん（30代・男性）：高校中退後、左官見習いを数年間続けたあと失業して路上生活へ。その後、東京の自立支援事業の施設（緊急一時保護センター）に入所した。精神科を受診しうつの診断も出ていて、自立支援センターへ移行して短期間での就労自立は難しいと感じている。しかし、区のケースワーカーからは緊急一時保護センターの入所期間満了後は自立支援センターに移るように言われており、もやいへ相談に訪れた。

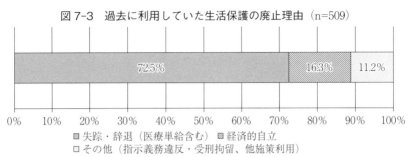

図7-3 過去に利用していた生活保護の廃止理由 (n=509)

■ 失踪・辞退(医療単給含む)　■ 経済的自立
□ その他(指示義務違反・受刑拘留、他施策利用)

〔出典〕筆者作成。

2——生活保護・自立支援事業の廃止理由

(1) 廃止理由：生活保護は「失踪・辞退」が7割

　次に、相談時の居所が施設であったかどうかにかかわらず、過去の生活保護および自立支援事業の廃止理由を示したものが図7-3である。

　なお、ここでの「廃止理由」は、相談者本人の認識にもとづいてもやい側が推定した「廃止理由」であるため、福祉事務所に記録された「廃止理由」とは必ずしも一致しない。

　まず、生活保護の廃止理由では、「失踪・辞退」が7割以上と圧倒的に多い[2]。「失踪・辞退」に分類されたケースには、「医療単給」ケースのほか、施設で生活保護を受給していたケースとアパートなどで受給していたケースが含まれる。施設で「失踪・辞退」廃止となったパターンとしては、施設内の人間関係が嫌になって施設を出たというケースや、実際に施設内でのトラブルに遭って出たというケースが目立つ。ここでの人間関係には、同室者など他の利用者の場合もあれば、施設の寮長や管理人の場合もあり、また、同室者のいびきや酒癖(からまれるなど)が退所の原因であるというケースも見られた。その他の理由としては、保護費のほとんどを施設に利用料などとして徴収されることに納得がいかずに、保護費を持って自分から出たというパターンも散見された。

　東京23区の場合、住居がない状態で生活保護を申請した場合、生活保護

適用が認められたとしても、宿泊所や更生施設などへの入所を求められることが多い。施設の環境についてはその種類（宿泊所か更生施設か）や設置・運営主体（公設か民設か、民設の場合の運営主体はどこか）等によって様々である。更生施設の場合は、職員による生活相談や職業相談等がある程度提供されているが、宿泊所の場合、生活相談等の機能は施設によって相当の幅がある。また、ひとくちに宿泊所といっても、公設の宿泊所のように設備上はほとんど個室のアパートと変わらない施設もあれば、6人部屋や4人部屋でプライバシーがほとんど確保されず、集団生活を基本とする施設もある。相談者のなかには、集団生活の経験がなかったり音や匂いに敏感であったりして個室を希望する人もいるが、そうした希望がすんなり受け入れられることは少ない。そうした状況下で他に適切な選択肢がないまま、自主的に／無断で退所し（せざるを得ず）保護廃止となっている。

　本来、施設で何らかのトラブルに遭ったりその環境に耐えられなかったりした場合、福祉事務所の担当ケースワーカーがその相談にあたり他施設やアパートへの転居などの方策が講じられるべきであるが、今回分析対象としたケースでは、利用者から福祉事務所に相談がなされたものの利用者が納得できるような解決策が提示されなかったために、本人が生活保護を「辞退」しているケースが少なくない。たとえば次のCさんのようなケースである。そもそも利用者が福祉事務所等に相談せずに自分で施設からの退所を決めたケースや、施設から退所を命じられた段階で福祉事務所にも連絡をとらず、そのまま福祉事務所からは「失踪」と認知され「廃止」扱いとなる、というケースも目立った。

　　Cさん（男性・30代）：野宿状態から都内の民設宿泊所に入所。しかし、入所後3ヶ月ほどして施設長が辞め、施設内の雰囲気が変わり、新施設長にいじめられたり、他の入所者が酒を飲んで暴れるなどしたりしたため、自ら退所した。福祉事務所の担当ケースワーカーは不在であったため、報告できないままの退所となった。

　施設に入所していることと生活保護を受給していることとは本来は別のこ

となので、施設から退所した／させられたとしても、居所の確保も含め経済的な自立の目処がついていないのであれば、福祉事務所に次の居所の確保などなんらかの対応を求めることは可能であるはずである。だが、生活保護の開始段階で施設入所を事実上強制された経験があるなどして、生活保護の利用と施設入所とをほぼイコールのものとして認識している人の場合には、施設からの退所を保護自体の打ち切りを意味するものとして受け止め、独力でなんとかしようと考えたとしても不思議ではないだろう。現実に経済的な自立が担保できていない状態のまま保護を廃止したとしても、本人にできることは限られており、結果的に行き詰まってもやいに相談に訪れている人がある程度の厚みを持って存在している実情に鑑みれば、施設内で不満やトラブルが生じた際に相談しやすい雰囲気を施設や福祉事務所が入所者に示すと同時に、施設入所時あるいは在所時に、就労自立やアパート転居などの施設の本来目的以外で当該施設から退所せざるを得なくなった場合の相談態勢について、よりきめの細かい説明を行っておくことも必要なのではないだろうか。

また、アパートで生活保護を受けていたが廃止となったケースでは、保護費を落とした、生活費や家賃（に充てるはずだった分）をギャンブルで使い切ってしまったなど、金銭管理で失敗し行き詰まってアパートを出たというケースや、アパートでのトラブル（隣人の騒音など）のために自らアパートを出たというケースなどが見られた。アパートでは施設での集団生活のようなストレスは生じにくいものの、金銭管理も含めた生活の自己管理が要求されるし、木造で壁が薄いなど住環境としては必ずしも良好とは言えない低廉なアパートの場合、生活音などで隣人とトラブルにならないようにするための社会的なスキルも求められる。東京23区の場合、更生施設や自立支援事業等を経てアパート生活を送るようになった人などに対する継続的な支援事業も行われているが、今回のデータからはそうした事業がまだ行き届いていない人々の存在を読み取ることもできるだろう。

(2) 廃止理由：自立支援事業でも「失踪・辞退」は5割

また、自立支援事業の廃止理由では、「就職」による退所、いわゆる就労自立が3割程度を占めている（**図7-4**）。ただし、「就職」ケースの詳細を見

ると、たしかに就職→貯蓄→アパート入居というパターンも存在するのだが、寮・住み込み等の仕事が決まり就職と同時に退所（その後失職を契機に再度困窮）というパターンも見られた。形式的には「就労自立」による退所となっていても、そのことが必ずしも安定した生活の獲得を意味していないということでもある。たとえば次のＤさんのケースでは、住み込みの仕事に就いて間もなく失職し、生活困窮に至っている。

Ｄさん（40代・男性）：自立支援センターから期間満了間近に住み込みでパチンコ店に就職、退所。しかし、毎日13時間ほどの長時間勤務で体調を崩し離職。同時に店の寮も出て、ネットカフェやカプセルホテルで数日生活した後所持金も底をつき、もやいへ。

また、次のＥさんのように、アパート入居に至っても仕事・収入が不安定である場合、生活困窮に至るリスクは高い。

Ｅさん（50代・男性）：30代後半まで実家のある九州で働いていたが失職して上京。都内で7年間新聞配達。自立支援センターに入所し、就労自立してアパートに入居する。しかし、日給月給制で仕事が減り収入が途絶え、1年ほど前からアパートを出て路上生活をしていた。生活保護制度のことは知らなかった。

その一方で「失踪・辞退」も5割弱見られるほか、自立支援センター利用中に就職が決まらないまま利用期限「満期」を迎え退所、というケースも1割強となっている。「失踪・辞退」の具体的な内容としては、集団生活になじめない、施設内の人間関係が嫌で、というもののほか、飲酒による命令退所も散見された[3]。また、次のＦさんの場合は、無断退所による「失踪・辞退」ではあるが「満期」に近いかたちでの退所である。

Ｆさん（30代・男性）：自衛隊、警備会社（数年間勤務の後倒産）を経て求職のため上京するが仕事が見つからず、ファストフード店などで夜を明

図7-4 過去に利用していた自立支援事業の廃止理由 (n=192)

■失踪・辞退　■就職　□満期　□他制度利用

〔出典〕筆者作成。

表7-4　過去に利用した施設の退所理由（複数回答）

	度数	%	有効ケース数364に対する%
対人トラブル	119	26.4%	32.7%
金銭管理	27	6.0%	7.4%
ルール違反	69	15.3%	19.0%
施設環境	23	5.1%	6.3%
施設利用料が高い	20	4.4%	5.5%
仕事に関するトラブル	50	11.1%	13.7%
アパートに入れてくれない・入れない	8	1.8%	2.2%
自立・就労	134	29.8%	36.8%
合計	450	100.0%	123.6%

〔出典〕筆者作成。

かす生活を送るようになる。東京の自立支援センターに入所するが、一度就職した仕事がきつかったため2、3日で離職。その後も求職したが仕事は見つからず、センターの利用期限が迫るなか、センターには「仕事が見つかった」と言ってしまっていたため、無断退所し野宿へ。

　更生施設などと同じく自立支援事業でも、施設入所中は最低限の衣食住は保証されてはいるものの、生活保護とは別枠の事業のため、次の行き先が決まらないまま事業の利用期間が満了となったり退所を命じられたりした場合は、生活保護をあらためて申請するなどすることでホームレス状態を回避することは不可能ではないだろう。しかし、生活保護を申請するためには制度

それ自体や申請方法に関する知識（そもそも稼働年齢であっても生活保護申請はできるという知識も含む）が必要となるし、そもそも「生活保護は受けたくない」[4]から自立支援事業を利用したという場合、選択肢は非常に限られてしまうだろう。

　自立支援事業が抱えている問題については、すでに様々な調査研究によって、年齢や過去の職歴から必ずしも短期間での就職が容易ではない人も自立支援センターに入所して（させて）いることや、継続可能な適職に就くまでの適切な支援が必ずしも行われていないこと、相部屋・集団生活といった施設の生活環境自体が入所者のストレスとなっていることなどの指摘がなされている（たとえば、就労問題研究会自立支援事業聞き取り調査チーム編2009、北川由紀彦2006、Marr 2012、山田壮志郎2009）ところであるが、もやい相談者のデータからもそうした自立支援事業の問題点の一端を読み取ることができる。

(3) 退所理由は「自立・就労」に次いで「対人トラブル」が多い

　また、今回の分析データでは、過去の支援利用時の施設（宿泊所や自立支援センターなど）の退所理由（複数回答）も可能な限りで拾い上げている。それらを一覧にしたものが**表7-4**である。「自立・就労」を挙げた人がおよそ36％ほどいる一方で、「対人トラブル」を挙げた人も32％ほどいるほか、「ルール違反」が19％などとなっている[5]。

3── 制度利用経験と疾病状態

　それでは、制度利用経験と疾病状態の関係はどうか。**図7-5**に示したとおり、「経験なし」層では「疾病なし」が24％となっているのに対し、「経験あり」層では「疾病なし」は20％程度とやや低くなっている。ただし、「経験あり」層のなかでも「自立支援事業のみ」利用経験者では「疾病なし」が28％以上で「経験なし」層のそれを上回っているのに対し、「生活保護のみ」経験者では「疾病なし」は15％程度になっている。「経験あり」層のなかでのこうした違いは、自立支援事業が稼働能力のある人を対象としている

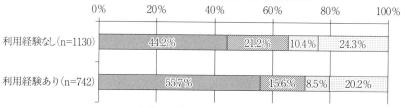

図7-5 過去の公的支援利用経験と疾病状態

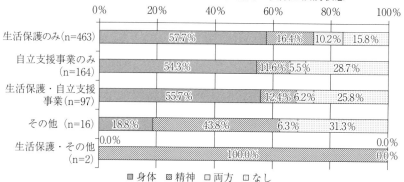

図7-6 過去に経験のある公的支援利用の種類と疾病状態

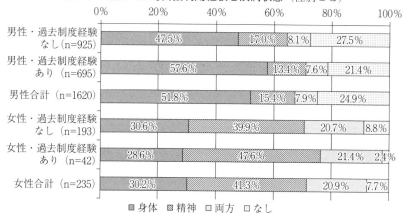

図7-7 過去の公的支援利用経験と疾病状態（性別ごと）

第7章 繰り返される支援

ため、疾病なしの人ほど事業対象になりやすい一方、何らかの疾病を患っていると生活保護の適用対象になりやすいことの反映と考えられる。また、「経験なし」層と比較すると、「あり」層では身体的な疾病を患っている割合が10ポイントほど高くなっている。他方で、精神的な疾病は「経験なし」層で高くなっている。精神的な疾病に比べると身体的な疾病のほうが認知されやすく、支援制度にもつながりやすいということだろうか。

　ただし、性別を分けて疾病状態と制度利用との関係を見ると、別の側面も見えてくる。過去の公的支援利用経験と疾病状態を性別ごとに示すと、**図7-7**のようになる。全体的に女性では精神的な疾病を患っている人の割合が6割以上と高く、男性の3倍近くになっていることに加え、女性の「経験あり」層では「なし」層よりも精神疾患を患っている人の割合がさらに高くなっていることがわかる。

4――複数回の制度利用経験

　最後に、初めてもやいに相談する以前に公的支援を利用した経験がある人の利用回数についてみておく [6]。性別と公的支援の利用回数との関係は**図7-8**のとおりである。男性の場合、ほぼ男性に特化した自立支援事業がある分、2回以上の割合が女性よりも多くなっている。他方、3回以上の記録では、自立支援事業を利用した後民設の宿泊所で生活保護受給となったケースや、複数の地域での民設宿泊所への入退所経験があるケースなどが目につく。たとえば、次のようなケースである。

　　Gさん（50代・男性）：パチンコ店員。建設飯場などを転々としてきた。その後、野宿に至り、自立支援センターに入所したが、仕事が決まらないまま満期を迎え退所、再度野宿へ。野宿と飯場を行き来する生活をしていたところ、路上で民設宿泊所の職員に声をかけられて神奈川県にある民設宿泊所に入所。しかし、居室にダニがいて体中を食われたため耐えきれず飛び出した。その後、都内の公園で別の施設職員に声をかけられ都内の民設宿泊所に入所した。しかし、その施設は飲酒禁止となっていたのだが酒

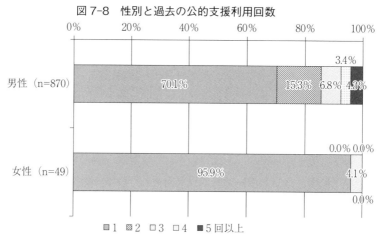

図7-8 性別と過去の公的支援利用回数

〔出典〕筆者作成。

癖の悪い入所者がいて、その人にからまれるようになったため自主退所した。他にも都内および隣接県の民設宿泊所への入所経験が複数回ある。

小　括

　公的支援の利用経験者の特徴についてまとめてみよう。まず性別では、男性で過去の制度利用経験者（以下、「経験者」）が多い。その他、経験者の特徴としては、やや高齢である、単身者が多い、「居所なし」者が多い。また、居所が「施設」であったケースでは、その半数以上が民設の無料・低額宿泊所であった。また、過去の生活保護の廃止理由としては、「失踪・辞退」が最も多く7割を占め、自立支援事業でも「失踪・辞退」は5割にのぼる。また、過去の施設からの退所理由で最も多いのは「対人トラブル」「ルール違反」となっており、施設の住環境や運営方法が適切でないか、少なくとも本人のニーズに合致していないために支援が途切れるという構図を読み取ることができる。自立支援事業の施設にせよ更生施設や宿泊所にせよ、施設が提供する支援と利用者ニーズとが齟齬をきたしている場合に、そのことを的確に把握し、当人が納得いくように支援方法を変更する手立てが求められているといえるのではないだろうか。

他方で、健康状態との関連では、そもそも制度利用経験者では何らかの疾病を患っている人が多くなっており、さらに男性では身体的疾病を患っている人が、女性では精神的疾病を患っている人が多くなっている。ただし、今回分析対象としたデータでは、疾病の細かい種類や症状の軽重、罹患・発症のタイミングまでは十分把握しきれていない。過去に制度を利用していたときには健康であって、制度利用が終わってから疾病を患ったという場合もあるし、疾病を契機として公的支援を利用し、(病状があまりにも重い場合には公的な支援を打ち切ることは行政からしても本人からしても難しいであろうから) 疾病が完治あるいはある程度回復した段階で制度利用が終了し、その後再度罹患（あるいは病状が悪化）したという場合もある。また、精神的な疾病を患っている人の場合、その疾病自体が福祉事務所のケースワーカーや施設職員などとの意思疎通を難しくし制度利用中断の原因となっていて、利用が中断した段階において疾病自体は完治も寛解もしていなかったという場合もある [7]。したがって、制度利用経験と健康状態との関係についてはより細かい検討も必要であろう。ただ少なくとも、支援が途絶えてしまっている人のほうが医療的な支援も必要とする状態にあるという事実は指摘しておかねばならない。

注）

[1]　元データでは「男性」「女性」のほかにセクシュアル・マイノリティに相当する「その他」が16ケース存在するが、ケース数自体が少なく（16ケース）、統計分析による傾向の把握には向かないため、本節の性別の集計からは除外している。

[2]　この「失踪・辞退」には「医療単給のみ」であったケースも含む。「医療単給」というのは、傷病により入院を余儀なくされた際に一時的に生活保護適用となり、退院の時点で保護廃止となるという運用方法である。

[3]　アルコール依存症を患っていて飲酒行動を自分でコントロールできないにもかかわらず、そのことが施設入所の段階で福祉事務所サイドで把握されていなかったために、医療などの支援につながらないまま施設入所→飲酒→命令退所という流れをたどる場合もあることには注意が必要である。

[4]　生活保護の利用を拒否する理由としては、"働けるうちは働きたい"という希望や、経済的自立を最優先とする規範の強い内面化、福祉事務所が扶養照会のために親族等に連絡をとることを忌避する意識などが考えられる。

[5] これらの「理由」は、ケース記録から拾い上げることができた範囲での、退所の直接の理由と推定されたものであるので、施設に対する不満の分布と同じではない。

[6] ここでの回数は、初めてもやいに相談した時点よりも前に公的支援を利用した回数のことを指す。たとえば、過去に生活保護を受給し、その保護が廃止になってから初めてもやいに相談した場合は1回とカウントしている。また、初回相談時に公的支援の利用が継続中であった場合（たとえば、生活保護を受給して宿泊所に入所中である人がアパート転宅の相談のためにもやいを訪れた場合）も1回とカウントしている。

[7] いうまでもないことだが、こうした場合に問題とされるべきは利用者の疾病と支援とのミスマッチであって、疾病を患っている利用者ではない。

〈参考文献〉

藤田孝典、2010、「求められる無料低額宿泊所の規制　シェルター機能への特化を」『都市問題』101(7)：78～83頁。

五石敬路、2011、「無料低額宿泊所は貧困ビジネスかケアか」『都市問題』102(10):88～98頁。

北川由紀彦、2006、「野宿者の再選別過程　東京都自立支援センター利用経験者聞き取り調査から」狩谷あゆみ編『不埒な希望　ホームレス／寄せ場をめぐる社会学』松籟社、119～160頁。

Marr M. D.、2012、「ロサンゼルスと東京における脱ホームレス経路とそのコンテクストの比較分析」『ホームレスと社会』(6)：74～81頁。

就労問題研究会自立支援事業聞き取り調査チーム編、2009、『都区自立支援センター利用経験者路上聞き取り調査報告書』。

山田壮志郎、2009、『ホームレス支援における就労と福祉』明石書店。

山田壮志郎、2016、『無料低額宿泊所の研究　貧困ビジネスから社会福祉事業へ』明石書店。

【コラム③】
相談者から見たもやい
――当事者へのインタビュー――

　本書ではこれまでもやいの相談者の状況について、相談を受けた側が残した記録をデータとして分析したが、もやいに相談に来た側はどのように考え、そして初回の相談以降どのようなかかわり方をしてきたのか。このコラムでは10年以上前にもやいに相談して以降、ずっともやいにかかわり続けているAさん（70代男性）が、もやいとかかわり始めた経緯と、これまでに培ってきた関係性について紹介する。

　Aさんは2003年に生活保護を利用する前はイベントの日雇仕事をしていた。しかし、仕事で全国を回っていたり、パチンコにはまったりしているうちにアパートにほとんど帰らなくなり、退去を余儀なくされた。そこで生活保護を受給することとなったのだが、その時にいわゆる「貧困ビジネス」に行きあたってしまった。

　職員とのトラブルから施設を出て生活保護を廃止したAさんは東京23区内の福祉事務所に相談に行ったが、そこで自立支援事業を勧められた。Aさんは自立支援センターにいる間に新宿の支援団体からの勧めもありビル管理の仕事の訓練を受け、都内の会社で仕事をはじめた。もやいと出会ったのはこの頃のことである。当時、もやいは自立支援事業を利用して、寮に入っている人に接触して保証人などの相談を受けていた。

　「週2日休みの月18万の仕事をはじめたんです。で、2月まで50万円くらい貯めて、今のアパートに転居したんです。そのときの相談相手がもやいのBさんだったの。当時四谷にあった事務所に何かあったら来てください、って言われたんです。それで、1月頃だと思うんですけど、そこに行ったんですよ。でもね、そこは四谷の小さいところ［事務所］で、他の団体も使ってましたから狭かったんですよ。最初、どうしようかな、やめようかな、なんて思ってたんですけど、結局は保証人も含めてBさんが全部まとめてくれて、［2004年の］3月1日に今のアパートに入ったの。」

　ここで語っているように、Aさんともやいとのかかわりは、Aさんがもやいに保証人を依頼するというところからはじまっている。最初は小さな事務所を他の団体と一緒に使っている状況だったこともあってか、もやいに保証人を依頼することにためらいもあったようだが、Aさんはこの時に入居したアパートに今日

まで13年以上住み続けている。

　しかしその後、何もトラブルがなかったわけではない。アパートに入って2年ほど経ったころ、Aさんはパチンコにお金を使って家賃を滞納してしまった。このときはもやいがなんとか対応できた。つい最近でもアパートの騒音トラブルがあり、上述のBさんに相談して事なきをえたという。住まいをめぐるトラブルの際にもやいが相談する場所として機能してきたことが、Aさんがもやいに今でもかかわり続ける理由の一つになっているようである。

　しかし、Aさんがもやいにかかわるのには他の理由もある。もやいの交流事業の一環であるサロンは四谷から飯田橋へと事務所を移転してからはじまったが、そのときの様子をAさんは次のように語っている。

　「飯田橋に移って1年くらい経ったときに［前事務所に近接する一軒家で生活相談や交流事業に使われていた］こもれび荘ができたんだよね。生保受けてアパート入ると一日が固まっちゃうでしょ。コミュニケーションを活発にとれる人だったらいいけど、そうじゃない人も多いし。だからこうやって、みんなで集まって話をするようになったんだよね。」

　当時はよくサロンに来る人びとで料理を作ったり持ち寄ったりしていたが、料理はやらないというAさんは、他の人と一緒にこもれび荘の改修にかかわっていたという。

　「こもれび荘はまだボロ家だったんだけど、みんなでペンキ塗ったりガラス削ったり、全部みんなで仕上げたんですよ。あのときは湯浅さんもペンキ塗ってくれてね。出口に板あったでしょ？　あれにペンキ塗って。もやいに来ている人ってほら、大工さんとか工事の経験者とかもいるから、材料費だけであとは手弁当できれいにしたわけですよね。」

　保証人を依頼することからAさんともやいとの関係ははじまり、今もそのような関係性がある一方で、Aさんはその後もやいが事業を発展していく過程に関与してきた。もやいの保証人サービスは「結びの会」の会員になることを条件として提供されるが、まさにAさんともやいや他の（元）相談者との間には互助的な関係性が形成されてきたといえる。

　　　　　（結城　翼〔認定特定非営利活動法人自立生活サポートセンター・もやい
　　　　　生活相談コーディネーター〕）

第Ⅲ部
貧困問題の過去と未来

序論

茶問屋の歴史と未来

対談

貧困はどのように問題化されていったのか

湯浅　誠（法政大学現代福祉学部福祉コミュニティ学科教授）
　　×
仁平典宏（東京大学教育学研究科比較教育社会学講座准教授）

■ 貧困問題との出会い

——まず、ご自身の貧困問題との出会いからお話しいただけないでしょうか。

●**仁平**　湯浅さんのことはみなさん知っているでしょうから、僕の話からしたほうがいいでしょうか。僕自身は、学部生の時に知的障害児の通所施設でボランティアをやっていて、それがたまたま山谷[1]と吉原の間の日本堤にあったんです。子どもの宿泊訓練の手伝いとか、休日どこかに遊びに行くとか、楽しくボランティア活動をさせてもらっていました。ただ、山谷っていうエリアについて僕は当時よく知りませんでした。職員さんや親御さんもあまり語りたがらない。でも、そこに買物に行くときは警戒しながら歩くみたいなエリアとして認識されていたようでした。印象に残っているのは、入口に扉があるんですが、必ず施錠されている。それは子どもが出てしまわないためなんですけど、いちどあけっぱなしにしていたとき、「山谷の（日雇労働者や野宿者の）おっちゃんが靴をとっていくかもしれないから注意して」とメンバーが話していたことでした。福祉の世界にいる人にすらそういわれる地域って何なんだろうっていうのは、それ以来気になっていました。

学部卒業後に修士課程、博士課程と進んで、貧困問題についてはどこか頭の中にはありました。障害を持った子どもたちのその後っていうことを考えてもまったく無関係ではなかったですし、自分が大学院時代を過ごしたのは、ちょうど大学院拡充政策で出口がないのにむやみに大学院生が増えていった時期でした。僕、PDの学振[2]に4回落ちているんですけど（笑）、最初のころは先輩たちもそれなりに（研究者として）就職できていたのが、僕らのちょっと上くらいからそういう感じではなくなって、いつまでも就職できないとか、いつのまにか消息がわからなくなったという先輩の噂とかが飛び交うような状況でした。自分も学振に落ちたし、不透明感がいよいよ増してきたぞって思ったときに、ちょうど山谷のことを思い出したんですね。地元でも僕の小中学校の友だちがひきこもりになっていたり、非正規になっていたりっていう話も聞いて、これはちょっと他人事じゃないぞと思うようになりました。この問題についてもっと認識を深めたいと思って、山谷争議団[3]の炊き出しに参加したのが2002年の冬でした。

ホームレス支援を始める

●仁平　当時は従来の寄せ場で行われていた支援活動[4]が、ホームレスの広がりに合わせて中央線沿線に生まれていった時期だったと思うんですが、そのなかで中野でも活動を立ち上げようという動きがあって、僕も声をかけられてそこに一緒に参加することになりました。それで中野でホームレス支援の活動を始めたんですけど、そこですぐに問題になってくるのは、生活保護を受けるにしても、ドヤとか施設ではどうしても制約が強いからすぐ出てきたり、野宿のほうがマシだから福祉を受けないという人がけっこういたことです。だからなんとかアパートを借りたいけど、保証人がいないと無理というときに、そのための活動をしている団体があると先輩に教えてもらったのがもやいでした。そのあと僕自身も、支援していた人をもやいに紹介したり、もやいを通じて女性用の緊急支援シェルターIMA[5]に行ったり、いろんなかたちでかかわっていました。
　僕はそうやってもともと寄せ場系のホームレス支援にかかわっていたので、

いわゆる建築業が90年代に縮小していくなかで、おっちゃんたちが高齢化していく過程で析出されてきた、従来型の高齢単身男性元ブルーカラー系の人と接することが多かったんですね。けれども緊急一時保護センター[6]の見学に行ったときに、わりと最近若い人が多いっていう話を聞いて、「夜回りとかしててもあんまり会いませんけどね」って言ったら、「いや、そういう人たちは24時間のマックとかネットカフェとかにいるんですよ」って教えてもらって、「そういえば僕も気になる人をときどき見るな」と思ったんですね。それで、ちょうどそのときに東京大学の本田由紀さんに若者論で1章書いてくれって言われていて、その問題をやりたかったんですけど、僕がかかわっている範囲では十分そういう人たちと会えなかったんです。そんなときに、湯浅さんがネットカフェ難民についての講演をどこかでされていて、僕が湯浅さんに1章を一緒に書いていただけませんかって言った本[7]が、ちょうど10年前の2007年に出たんです。

●湯浅　もう10年も前ですか。

●仁平　はい。デビュー前の湯浅さんの原稿をもらえたってことで、当時大いに編集者の方に褒められました。

●湯浅　デビューって……（笑）。

●仁平　最初は「誰？　この人」みたいな印象だったんですけど、本が出るころにはすごい著名人になっていたので、出版社の方に「でかした」って言われた記憶があります。

●湯浅　仁平さん、そもそも今おいくつですか？

●仁平　僕は42歳になったばかりです。

●湯浅　大学入学は何年ですか？

●仁平　1994年です。2002年に山谷に行った時は27歳でした。D3（博士課程3年）が終わろうとしているときでした。学振も取れないから来年どうしようという感じだったんですよね。

●湯浅　なるほど。で、学部のときはずっと東大の教養でしたっけ？

●仁平　1・2年が文三、まあ教養で、そのあと教育学部に行きました。あんまり教育のことはやらなかったんですが、知的障害児の通所施設に通ってました。

●湯浅　大学院ではしばらくちゃんと勉強していて？
●仁平　そうですね。まあ、ちゃんと勉強というか。
●湯浅　で、ドクター3年で山谷に行き始めたと。
●仁平　そうです。2002年の冬、ちょうど自立支援法（ホームレスの自立支援等に関する特別措置法）ができた年ですかね。

■ 日雇運動の空気感

●湯浅　山谷争議団には入ろうと思わなかったんですか？
●仁平　入ろうとは思わないというより、入る資格もないという感じでしょうか。炊き出しや終わったあとの寄り合いには参加したが、あくまで学生のボランティアと見られていたと思います。
●湯浅　専属の人とか当時いました？
●仁平　いました。それとは別に、労働者のなかでも顔役みたいな人がいて、僕はよく説教とかされてました。もう入るなんておこがましい。冬の山谷の路上で、「お前、面白半分に来てるんじゃねえか」みたいなことを問われて、もう直立不動で聞くみたいな。
●湯浅　そこまでいかないでしょう（笑）
●仁平　いや、けっこう気合入った人いたんですよ。80年代の日雇運動の「やられたらやりかえせ」[8]的な空気感を帯びている人が。これは浮ついた気持ちでできないぞと、緊張感をもって行ってました。
●湯浅　ああ、たしかにね。あの頃はまだいたかもね。
●仁平　ぎりぎりいたんですよ。湯浅さんも昔は「のじれん」[9]でバリバリ言わせてたっていう話は聞きますけど。
●湯浅　はい、あの、封印した過去が。それはあんまり言わないようにしてます。
●仁平　たとえばYくんなんかから、若いころの湯浅さんに気合い入れられたみたいな。怖かったんですよあの頃、みたいな話を聞きました。
●湯浅　たしかに怖かったんでしょうね（笑）。
●仁平　だから僕にとって湯浅さんは、もやいという現場にいるすごい人と

いうイメージがまずあって、その後で研究者としての湯浅さんを追体験して、その後さらに反貧困運動の湯浅さんが出てくるというかたちで、湯浅さん像がいくつもあるなっていうイメージですね。

学生ボランティアから運動へ

――湯浅さんからも貧困問題に関わり始めたきっかけを聞かせていただけますか？

●**湯浅** もとをただせば、学生時代に児童養護施設のボランティアやってたんですよね。それが1989年、大学1年生のときです。だけど当時は貧困という概念がそもそも自分の頭の中にないから、貧困問題っていう認識はまったくなかった。その施設に行ったのもたまたまなんです。なんかボランティアやりたいって思って武蔵野市のボランティアセンター行ったんですよ、吉祥寺にある。そしたら紹介されたのがその児童養護施設で。別に児童養護施設で勉強教えたいとか、貧困問題にかかわりたいなんてひとことも言ってないし、そういう考え方もなかったけれど、たまたま紹介されたのがそこだったの。それで、2年目にそこのボランティアリーダーやってたんですけど、頭でっかちなもんだからいろいろ内部で物言うようになっちゃって。私が一番言ってたのは、週1回行って勉強教えるだけでは何にもならないと。施設の職員を増やさなきゃいけないけど、職員自身は増やしたくても増やせないと。だから東京都に頼みに行こうみたいなことを自分が言い出しちゃったんですね。そしたらボランティア仲間がみんな引いちゃって。そんなことやるためにボランティア来てるわけじゃないから。

どうもなんか浮いちゃったなー、居場所がないなーって思ってたときに、湾岸危機が起こりまして。1990年8月に起きたイラクによるクウェート侵攻です。これはやばいんじゃないかって話を高校時代の同級生で、いま京都大学でフランス文学を研究してる王寺賢太ってのとしてて。それであいつと電話で話して、デモでも行くかって言ってたら、その日の夕刊で、明日渋谷の宮下公園でデモがあるのを知ったんです。それを主催していたのが「日市連」（「日本はこれでいいのか市民連合」）っていう、ベ平連（「ベトナムに平

和を！　市民連合」）系の団体でした。それが私のデモデビューで、宮下公園へ行ったのもそれが生まれて初めて。それで主催者に声をかけた。主催者側にしたら、新しい学生が参加するってすごいウェルカムですよね。それで事務所に出入りするようになった。その事務所が代々木だったんですよ。

　そのときに川崎哲と再会した。彼はいま、先日ノーベル平和賞を受賞したICAN [10] の国際運営委員をやっています。私の高校の1年上で、文化祭を2年間一緒にやったりとか、そういう仲でした。彼は当時、自分でオーガナイズするかたちで学生のインカレ組織をつくり、反戦運動（団体名「ピース・チェーン・リアクション」）をやってたんですね。そのとき集まったメンバーのなかに稲葉（剛）がいた。彼は当時3年で、私が大学2年。川崎なんかと一緒に駒場寮を事務所にして、学生運動まではいかないだろうけど、自治会活動みたいなことをしてた。私は大学にはほとんど寄りつかなかったから駒場寮にはめったに行かなかったんだけど、そのインカレサークルでは稲葉とよく顔を合わせていて。10月に初めてピース・チェーン・リアクションとしてデモをやりました。当時は日本政府がイラク戦争に90億を出すかどうかとか、アメリカ政府から「Show the Flag」と言われて請求されたみたいなところで揉めてて、あのときは自公連立政権ができる前で、公明党がキャスティングボート握ってたんですよね。で、公明党がどっちに転ぶかで決まるってことだったから、われわれは公明党にデモをかけた。サウンドデモをやりましたね。

●仁平　へぇー、けっこう先駆的じゃないですか。

●湯浅　クルマなんかないから、ガラガラみたいなのでやりましたね（笑）。

　それで、そのピース・チェーン・リアクションの会合を神保町のビルでやってたんですよ。市民活動をやってきた出版社の関係のビルなんで、市民活動系がいろいろ出入りしているようなところでした。そしたら年明けにイラク戦争が始まり、あっという間に終わった。その頃にイラクに救援物資持っていくみたいな話があり、学生からも誰か行かないかって話になって、私が名乗りを上げたんです。

●仁平　本当ですか、すごいですね。

●湯浅　日本山妙法寺の寺沢潤世って人を中心に。彼はのちにロシアからの

独立を模索するチェチェンとかにかかわってチェチェンで拘束されたり、平和活動としては世界的に有名な活動家です。彼なんかと一緒にイラクに行ったんですよ。それが1991年の3月。日本へ帰ってきてからはその関係の活動を中心にやっていて、グループでイラクに第二次、第三次の救援物資を持っていくっていう話があったんで、そっちにも顔出すみたいなことをしていました。そういうのでしばらくは時間が過ぎていったんですけど、それもだんだん落ち着いていった。

　それから2年くらい経ってからかな、原宿を歩いていたら川崎がいたんですよ。彼はチラシを撒いていて。当時イランの人たちが代々木公園に集まってて、不法テレカ（テレホンカード）を売買しているということで、ちょっと社会問題化していた。川崎は外国人の人権擁護に根ざした活動をやってて、稲葉もそのなかにいた。だけど私自身は直接かかわらないで、「川崎はこういうことやってるんだ」っていう感じでそのままだった。それが1993年ごろかな。

　私のほうはというと、そんなこんなで大学へろくに行かなかったので卒業も当然ながらできず、単位も足りず。大学5年生になってからは研究者になりたいから大学院に進むことになったものの、全然単位が足りない。当時は東大の法学部の大学院は足切りがあったんですよ。それで大学6年生までかかりまして。院試が終わって、それでちょっと暇になったなってところで川崎のところに顔を出そうと思って。

ホームレス問題との出会い

●湯浅　当時、川崎を中心としたメンバー、稲葉もいたんだけど、「いのけん」（「渋谷・原宿 生命と権利をかちとる会」）という集まりがあって、そこに出入りするようになりました。そこでは、一方で外国人労働者の人たちの支援をやりながら、もう一方で原宿・代々木にいるホームレスの支援という二本立てでやっていたので、私も両方にかかわるようになりました。それが1995年です。1997年くらいは、外国人労働者問題はすごい発展していったわけではないけど、ホームレス問題はすごい爆発的に深刻化していくじゃな

いですか。新宿のテント村の強制撤去なんかもあったし。
●仁平　そうですね。
●湯浅　だからまあ、狭い世界の話でしたが、運動的には盛り上がってました。それで二兎は追えないってことで、黒岩という人が中心になって「のじれん」をつくることになり、渋谷の路上にガーッと深くコミットしていく。それはもう今までのかかわりとは違う感じでね。週1回の炊き出しだけ行くっていうよりは、日常的にその場にいるみたいな。「なるほど、昔のヴ・ナロード（「人民の中へ」というスローガン）っていうのはこんな感じか」みたいに思ってました。

　それがあって、私も黒岩についていく感じ、巻き込まれていく感じで、渋谷専属というか、外国人問題のほうではなくてホームレス問題にかかわっていました。その頃には稲葉は「いのけん」の活動をある程度やりながらも新宿連絡会 [11] のコアメンバーになっていた。新宿連絡会は山谷の日雇労働問題をやってきた人たちと「いのけん」がそれぞれで人を出し合ってつくったもので、一方でバリバリの運動系ではないかたちでホームレス支援をやりはじめていたのが「スープの会」[12]。岩田（正美）先生とか後藤（浩二）くんの流れね。そこはちょっと緊張関係があったりしたわけですけど。そういうなかで稲葉は「いのけん」から派遣されて、気づけば新宿のコアメンバーの1人になっていた。私のほうは少し遅れて、新宿の活動を見ながら渋谷で、渋谷独自の活動をつくるんだみたいな感じで、黒岩なんかと一緒にやっていて、私自身は2002年までその活動をやることになります。

　そのときにホームレスの自立支援施策が始まるぞ、という話になって。大きかったのは新宿のテント村の撤去。1998年2月だったかな、ロータリーで火災があったんです。そこで新宿連絡会の笠井（和明）が、私は当時はまったく理解できなかったけど、方針転換をして東京都との話し合いのテーブルにつくみたいな感じだったんです。運動の限界を感じていたんですよね、彼は。そのなかで東京都も折り合ってきて、そこから生まれたのが自立支援センター [13] という施策で、それが2001年から始まるという話を2000年の夏に聞いたと。それでどうするかな、何ができるかなと考えました。

もやいの3つの源流

●**湯浅** 渋谷の運動の立場は自立支援施策反対だったんですけど、反対しているだけではしょうがないだろうとも思っていた。実際に使う人がいるだろうから、有効なコミットのかたちを民間でもやれないと、その施策に乗っていく人と縁が切れちゃうと思っていて。施策に乗った人とも関係を維持できるような、つながりの接点になるような活動を始めなきゃいけないと思っていました。これがもやいの源流の1つ。

2つめは、アパートから路上に出てくる人、つまり生活保護を受けてアパートに入った人が、半年経ってみたら路上にいる。「どうしたの？」って聞いたら、半年間ほとんど誰とも話してなくて寂しかったので路上に遊びに来たら、そのままた路上生活に戻っちゃったと言う。路上より貧しいアパート生活っていったい何なんだ、ってことになりますよね。

3つめは、私たちは当時の行政の野宿者調査は信用していなかったので、毎年1回か2回、自分たちで夜中に回って野宿者の人数を数えていたんですけど、それがだいたい1年で1.5倍から2倍に増えていくんですね。90年代後半は一貫してそうなっていたんで、渋谷も98年か99年には600人くらいになっていた。しかも、そのあと人が増えない。なぜ増えないかというと、渋谷の街は600人以上の野宿者を受け入れられないんです。つまり、上限に達してしまったというわけ。だから、1人入ってきたら1人どこかに行く、追い出されているという話になって。そこで、社会の底抜け状態に予防的にかかわる方法を何か考えなきゃいけない。そこで思いついたのが、保証人を切り口にすれば、路上に来る前の人ともつながる接点をつくれるのではないか、ということでした。

今でも覚えているけど、当時、野宿者資料センター[14]のあった四谷の事務所で2000年の9月に、稲葉と、新宿で女性の会をやっていた池田幸代と3人で会って、保証人のことで何かできないかって私が言ったんです。その時には「う～ん、難しいよね」みたいな感じで終わったんですが、結局、2001年の5月にもやいが立ち上がった。

当時、路上から脱却する方法は自立支援センターに入所することくらいだったので、最初のお客さんは、自立支援センターに入った、仕事も見つかった、お金も貯まった、だけど保証人がいないという人が一番多かったんです。路上で生活保護を受けられるようになってからは、入院なんかをきっかけに生活保護を受けて、退院するときに保証人が必要になる。最初はそうした人たちが対象者でした。

■「貧困」と言い始める

――今のお二人のお話は貧困問題の前史っていう感じだと思うんですけど、貧困って言いだすのはもっと後ですよね。
●湯浅　2006年ですね、私が「貧困」って言い始めたのは。
――仁平さんとの共著で論文が出たころですよね。ネットカフェ難民とかもそのころ。そうやって貧困問題が日本で展開していく過程に、もやいがどう関わっていたかをお聞きしたいんですが。
●仁平　NHKスペシャル「ワーキング・プア」の放映は2006年か2007年くらいですよね。
●湯浅　よく覚えていますよ。2006年の7月23日。要は、もやいは時代のニーズに合致したんですよ。それ以上でもそれ以下でもなくて。われわれはコツコツと貧困問題、当時は貧困問題だと思ってなかったけど、ホームレス問題をやっていました。ずっとホームレス問題ですって言ってきて、それで寄付も集めてきた。
　それがもやいの活動を始めると、私は当時こう言ってたんですよ。渋谷の活動は支援者が100人だと。100人よりはまあもうちょっと多かったかもしれないけど、でも100人くらいの人がお金を出してくれて、年間200万円くらいで回っていたわけです。2000年に始まったフードバンクは潜在力1000人だと。1000人の支援者が得られる活動だと。もやいは潜在的には10000人いけるはずだと思っていたんですよ。それだけ対象者の射程が広く、支援者の裾野も広がりうる活動だ、と。それで自立支援センターに入った人とか、あるいはドヤで生活保護を受けてる人まで含めると、広義のホームレス問題

ですって言うようになったんですよね。もやいをスタートさせて最初の頃、2001年です。

　だけど2000年代前半にはアパートに住んでいる人が相談に来るようになったので、それも限界だって思うようになってましたね。私たちは常に自分たちがやっている活動の意義を伝えないと寄付は集められないので、これをどうやって説明するか、悩んでいた時期があって。

　そういうことがあって、2006年から貧困問題と言い始めたんですよ。私自身の直接のきっかけは2006年の6月16日の『朝日新聞』なんだけど。そこで竹中平蔵さんが、いまは『NEWS23』のキャスターをやってる星浩さんのインタビューを受けてこう言ったんですよ。「格差ではなく貧困が問題です。貧困が一定程度に達したら社会的に対応しなくてはなりません。だけど、日本社会に社会的な大問題としての貧困問題はありません」と。そこで私はカチンときて。格差ではなく貧困の議論をっていう文章[15]を夏に書いた。

●仁平　竹中平蔵が言ったことをある意味流用というか、逆手にとった話だったんですね。それは知らなかった。

●湯浅　そうだったんですよ。「あんたには見えてないかもしれないが、ここにいるってことを教えてやる」と思って。

　そのときに『NHKスペシャル』でワーキングプアをやったんですよ。そして2006年の7月31日には『朝日新聞』がキヤノンの偽装請負をすっぱ抜くんです。だからあのころが潮目の変わった時期なんですよ。2001年から2006年の小泉の長期政権期が終わって、2006年7月から安倍政権がスタートした。そこで、あの5年間はなんだったのかっていう総括作業がマスコミなんかで始まるんですよね。そのなかで彼らがワーキングプアの問題に出くわすわけ。私はあの取材班にいた松島剛太さんとよく話していました。

　よく覚えているのは、当時、日本社会では格差があっていいのかよくないのかみたいな議論がずいぶんあったんです。そんなとき小泉首相が福島瑞穂議員に聞かれて、格差があってもいいじゃないかって言っちゃう[16]。「人生いろいろ」みたいなね。それで賛否両論が巻き起こる。

　『NHKスペシャル』は看板番組だし、最初は格差問題のつもりで彼らは取材していた。ところが全国各地で出くわす事例が、シングルマザーでトリプ

ルワークして子どもと会う時間がほとんどありませんっていう福島のお母さんだったり、秋田県でシャッター通りになっちゃった商店街でまだテーラー屋さんやってる年収20万のおじいちゃんだったりしたので、これはどうも格差ではおさまらない話だということになった。今までの手垢のついた「格差」という言葉では表現できないようなことが撮れちゃってると。その年の4月くらいに、これは新しい言葉を被せるべきなんじゃないかと松島さんが言って、私が「貧困問題」でいけばいいじゃないかって言ったのは覚えているんですよ。もやいのこもれび荘の前のスペースでね。でも、当時はまだいきなり貧困という話は刺激が強すぎたんで、「ワーキングプア」と横文字にしてインパクトを弱めたんですね。

●仁平　なるほど。「ワーキングプア」という言葉の巧みなところは「ワーキング」って付いていることで、わりと中間層の人が乗りやすい。「働いているのに貧困だ」っていうところがありますよね。

●湯浅　そうそう。あれは上手かった。それまでは貧困問題というと、ほとんど働いていないってイメージだったからね。働かないからそうなるんだろうっていうのが、あのころの雰囲気だったんですよ。

もやいのメディア進出

●湯浅　それで私がたまたま同じころにそういうことを書いてたんですね。最初は2006年秋の『賃金と社会保障』。あれは誰も見ませんけどね。ただ、それを同時に『世界』にも投稿していて、『世界』の編集部には、分量を3分の1に減らしたら載っけてやるって言われたので載せたんです。それが2006年の12月号。

　マスコミの人たちも貧困問題の当事者になかなかたどり着けないので、もやいに行けば当事者を紹介してもらえるんじゃないかっていうので、もやいへの取材量がガッと上がった。もやいは2006年からリプラスという、のちに倒産する会社の支援を受けてスタッフを有給化してたので、私は火曜日と金曜日にもやいに来てたんですけど、金曜日はもうほとんど一日中取材を受けていた印象があります。

それからワーキングプアだ、偽装請負だっていうなかで、ネットカフェ難民問題も出てきた。最初に相談を受けたのはけっこう前で、2003年とか2004年でした。マスコミがもやいに来はじめて、何か新しい現象はないか、若い人の貧困はないかと聞かれ、そのとき紹介した人がネットカフェ難民だった。その人を取材して、ネットカフェで寝泊まりしている若者っていう記事が11月2日の『朝日新聞』に出た。山内美紗子さんという大阪生活部の若手記者が記事にしてくれました。それから、それを読んでテレビでやったのが、当時、日本テレビにいた水島宏明さん。水島さんが2007年に『ネットカフェ難民　漂流する貧困者たち』っていう番組をつくって、それでブレイクした感じ。同時にあのころ、グッドウィルの日雇派遣問題もありましたからね。ワーキングプア系の問題が続々出てくる。今まで誰も目を向けていなかったので、まあ言ってみればネタの宝庫だったわけです。掘り起こされてなかったわけだから。それが2007年の参議院選挙にも効いてきて、衆参の「ねじれ」につながる。

●仁平　ちょうど10年前ですね。
●湯浅　もやい自体は、もやいの力学でしか変わってないんですよ。どんどん相談が増えていって、とにかく目の前に来る人に対応していた。女性が増えてきちゃったから、女性の相談どうするかとか。これからは路上から直アパート［17］というルートを作るとか。もちろん、私も稲葉も社会の大きなありようのなかでのもやいっていうのを考えてやってはいたけど、それが全員に1から10までシェアされていたわけではないし、もやいの活動自体は日々回していかないといけないので。私の感覚だと、鳥がばらばら空から落ちてきちゃうんだよね、飛べない鳥が。ホームレスという飛べない鳥を相手にしていたはずだったのに、飛んでいたはずの鳥がどんどんどんどん空から落ちてきちゃうの。それに対応していた感じなんですよね。べつに私たちの訴えを世の中が聞いて変わってくれたわけではなくて、世の中は世の中で独自の流れのなかで動いていた。小泉政権で新自由主義改革というのが行われ、構造改革、骨太の方針となり、それが一段落したところで、あれはいったい何だったんだっていう話のなかで、世の中独自の力学によってこの問題にたどり着いた。それがたまたま私たちのやってきたことに合致した。そのタイ

ミングが2006年だったということです。
——もやいの相談件数がぐっと増えてくるのが2007年くらいからなんですが、まさにその時期に湯浅さんの知名度に対応して、相談が増えてきたということでしょうか。
●湯浅　そうでしょうね。路上ではもともと知られていましたが、多少メディア経由で浸透していくのがそれくらいなのかもしれませんね。でも、2007年から相談者は増えてますか？
——一挙に。
●湯浅　生活相談がですか？
——そうです。2007年、2008年あたりから。
●湯浅　保証人じゃなくて？
——今回、保証人事業は分析の対象にしてないので、生活相談に来た人だけをカウントしてます。
●湯浅　それならそうですね。それまでの生活相談って、たぶん保証人相談の延長線上だった人が少なくないと思うんですが、独自に生活相談のみに来る人たちが急増していくっていうのがそのころなんでしょうね。
——やっぱりメディアの影響でしょうか？
●湯浅　メディアの影響は大きいでしょうね。一般のアパート暮らしの人とか、ネットカフェ暮らしの人とか。半年前にテレビでやっていたのを見てて、連絡先を握って、財布に入れて半年後に来たとか、そういう人もいました。
——路上の友だちに聞いて相談に来たという人も相変わらず多いんですが。
●湯浅　そこは揺るがないんじゃないんですか。一番多いのは路上でしょ？　ずっと。
——路上の友人に聞いたという人と、単に友人から聞いたという人をあわせると、時期によっても違いますが3〜5割くらいです。
●湯浅　私の印象は、路上の口コミとかが最大のボリュームゾーンであることに変わりはないんだけど、そこのシェアはだんだん減っていき、それ以外の人たちが増えていく感じです。路上の人はやっぱり私たちの顔が見えているから安心ですよ。テレビで見たって、なかなか来れないですよ。どんな人たちかよくわかんないし、怖いし、NPOなんて聞いたことないし。それで

も増えていくんだからね。それはそれだけ世の中に人びとを困窮に追いやる圧力があったってことなんでしょうけど。
●仁平　面白いですね。それがまさに「貧困問題が日本社会で問題化される過程と、そこにもやいが果たした役割」っていうことですよね。

■ 派遣村の影響

――そうですね。でも、もやいのデータで一番大きいのは、やっぱりその後の派遣村の影響ですよね。
●仁平　あれは量だけじゃなくて質も、職業とか年齢階層も特異でしたよね。
●湯浅　派遣村では、私はもやいの名前は一度も出してませんけどね、あの年は。もやいとは別にやるということにしていた。それはもやいのなかの要請でもあったし。
――当時はもやいの事務局長もされていた時代ですか？
●湯浅　まだそうかな。だけど、その肩書はいっさい使っていないですね。反貧困ネットワークの事務局長としてメディアには出ていましたね、派遣村の文脈では。それは反貧困ネットワークの活動を始めたころからそうなんです。つまり、私がもやいの事務局長の肩書で動くと、もやいへの相談が増え過ぎてしまうんです。当時のスタッフから、いい加減にしてくれと言われて。だから反貧困の活動をするときは、もやいの肩書はなるべく使わなかったんですよ。ただ、私自身が多少なりともメディアに出るようになったのはもやいの活動の2006年の流れなので、やっぱり世の中の認識としてはもやいの人っていうことだったのでしょう。反貧困ネットワークは何だかだ言っても現場を持っているわけじゃないから、「反貧困ネットの湯浅さんってもやいの人だ」っていう感じになって。だから肩書使わなくても、どうしてももやいに影響が出ちゃったということなんですね。内部的には、私は相当きつかったですよ。「あんたのせいでこんなに相談増えちゃって、どうしてくれるんだ」みたいな（笑）。
――『反貧困』を新書で出されたのも、たしか2008年ですよね。あれも相当の影響力があったかと。

●湯浅　あの本は売れましたけど、派遣村をやるまでは3万部くらいしか売れなかった。やはりそれは大きかったですね。
——もやいで活動されていたのはいつごろまででしたっけ？
●湯浅　もやいでは基本的に定例の相談は火曜日だったんですが、2006年からリプラスのお金が入ってきて、アゼリアビル借りたことから金曜日にも相談日が入りました。それに水曜日にコーヒーの焙煎プロジェクトが始まって。だから（もやいが）動いているのが火・水・金だったんですよ。焙煎は宇鉄昭子さんがやってたもんだから、女性相談が水曜日に入った、一時期ね。他にも宇鉄さんがいろいろやりたがったから、一時期は水曜日に家庭訪問もやっていた。それで水・金は有給（の活動）にしたんですよ。

　私自身、2006年にリプラスの金が入ってくるときに1年間かけてみんなと議論したんだけど、お金が入ってきてみんなが有給スタッフを始めちゃうと、組織の性格が変わってしまうと。だから火曜日（の定例の相談）はとにかく全員無給で頑張ろうということで。私は1年だけ金曜日の有給に入ったかな？　でもそれ以降は（もやいに来ていたのは）火曜日だけだったんですね。講演自体は、2008年も年200件くらい受けているんです。そのため火曜日に入れなくなっていたかもしれません。そして2009年の派遣村以降はほとんど来られなくなった。
——もやいが野戦病院みたいになっているときに（笑）。
●湯浅　野戦病院化しているときですね。月に1回か2回、火曜日に来る感じかな。その後、2009年10月に内閣府参与になって完全に来られなくなりました。

■ "貧困ブーム"は沈静化した？

●仁平　対談のメモに「貧困ブームが沈静化したあと、何が変わったか」と書かれていますが、「沈静化」はいつごろと考えてますか？
——そのあたりの認識も含めてお聞きしたいところです。
●仁平　反貧困ネットワークをやってたときにはもう貧困問題は下火で、出版社も全然食いついてこないとか、しょっちゅうそういう話をしてましたよ

ね。2011年には東日本大震災が起きて問題設定が変わるし、2012年には芸能人の河本準一のお母さんの生活保護問題[18]でバッシングが起こり、野田政権と民主党に対する不満と合流しつつ、社会保障が支持を集めるテーマではなくなっていく。そのあと安倍政権ですから、潮目はだいたいそのあたりですかね。

　第二次安倍政権は、単純なネオリベ（新自由主義）ってわけじゃなくて、「デフレ退治」って枠組みにアジェンダが変えられたことのインパクトが大きかったと思います。「貧困とかあるのかもしれないけどそれはデフレが悪いんだから、金融政策と財政政策で景気をよくすることで改善しますよ」というフレームに、メディアも含めて乗せられていく。実際に、自分たちが企業にも働きかけて最低賃金を上げるようにするとか、「デフレ退治」の枠組みのもとに社会保障拡充が位置づけられて、それを政権主導で進めるという構図がつくられていくようになります。

　いくつかの重要な政策は安倍政権のもとで進んでいったと思うんですが、あれも民主党政権の置き土産っていう面が強いんですよね。社会保障国民会議が大きな役割を果たしてますし。そう考えると、民主党政権も第二次安倍政権も、社会保障に関しては政策収斂みたいな形が生まれていて、2000年代に比べて振れ幅が小さく、野党や反対派からすれば攻め手を欠くという状況になっているのかもしれない。実際どこまで有効かは別として、ブラック企業対策も安倍政権のもとで一応進められていますし、大学生の就職率も改善している。もちろん増えたのは非正規雇用で、生活は豊かになっていないっていう批判は必要だけど、左派・リベラル政治の特徴とみなされてきた社会保障政策を右翼政権が進めるというイメージによって、2000年代のわかりやすいネオリベの頃より対立軸はつくりにくくなっている。これが2010年代に貧困ブームが沈静化したように見える背景だと思います。

●湯浅　それはたしかにそうなんだけど、私は貧困ブームは沈静化したとはあまり思っていません。まず一つは、何と比べるかっていうこと。2007年とか2009年と比べればそれは沈静化しましたよね。ただそれは、あのときが異常だったんですよ。あんなことは、それ以降起こっていない。ですが、女性の貧困とか子どもの貧困が最近問題になっていますが、「貧困」という

言葉は完全に世の中でデフォルト化したところがあると思う。10年前の2007年から2009年の時に私がメディアでひたすらやってたのは、これは自己責任かどうか、貧困はあるのかないのか、それは社会の問題なのか個人の問題なのか、貧困になるのは怠惰な個人だけなんじゃないのかみたいな、そういう話を延々やってたんですよね。貧困があることを前提に、何が必要なのかっていう議論には入っていけない。入口で全部止まってしまう。賽の河原に石を積むみたいなことをずっとやってたんですよ。あのときの感覚からすると、もうそういうレベルで言ってくる人は、いるだろうけどメジャーではない。

安倍政権下での貧困問題

●仁平　それはまったくそのとおりですね。子どもの貧困は安倍政権のときに法制化されたし。今から思うと、安倍の最初の「三本の矢」[19]のうちの規制改革がネオリベなんだけど、たぶんこれが一番腰砕けになっていたと思います。生活保護も改悪されたけれども付帯決議っていうかたちでフォローが入るし、労働の規制緩和の動きも第一次安倍政権のときに比べれば抑えられている。ブラック企業の実態だとか生活保護の水際作戦だとか、そういう情報が昔に比べて広がっているという社会の変化もあります。安倍政権はとにかく憲法改正までは安全に舵取りしなきゃいけないっていうのもあって、その声に配慮してどんどんネオリベ系なところ、バッシングを受けそうなところを抑えていったっていうところがある。

●湯浅　そうそう。純粋な構造改革路線、小泉的新自由主義路線でやれなくなりましたよね。

●仁平　これは大きいと思います。

●湯浅　あと、いま野党である民進党の独自論点をつぶす意味でも取り込みましたよね。

●仁平　そうなんですよ。

●湯浅　やっぱり世の中全体として、貧困問題は日本社会のなかにビルトインされたと私は思っているんです。ある意味、われわれは「ここに貧困があ

るんだ」っていうアドボカシーをずっとやってきた。『反貧困』もそういう路線で書いたんですよ、ここに貧困があるんだって。まあ、成り立ちが竹中平蔵さんのインタビューですからね、そうなるんですけど。

■ もやいの役割は終わったか

●**湯浅** これは（もやい現理事長の）大西（連）にも言ったことあるんですが、その段階は終わったんだって思ってるんですよね。もうあるんだ、ないんだっていう論争は、今の貧困があることがデフォルトの学生から見たら、「あんた、何言ってんだ」って感じで。もやいが一生懸命生活相談、保証人提供をやりながら世の中に対して言ってきた最初のポイントはそこだったんですが、そこの役割は終わったと思う。

　あともう一つ終わったのは、保証人提供。われわれがやり始めたときは保証人提供というのは、駐車場の「捨て看板」でしか見れなかった。昔、アルミのべらべらの板でデッカく携帯電話番号と保証人なります、みたいな文字が書いてあるのが月極駐車場とかに貼ってあったんですよ。そういうのを「捨て看板」って呼んでた。あれは要するに怪しい人たちがやっていて、いくら取られるかわからないし、ちゃんと保証人になってくれるのか、何かあった時にちゃんと対応してくれるのかもさっぱりわからないんですが、とにかく困っている人は背に腹は代えられないからそこに電話する。そういう、家族がやるのがほとんど当たり前で、それがいない人がいるっていうのが想定されていない社会だった。だから、もやいがやるしかなかった。ところが、リプラスがわれわれのスポンサーについたころか、あれより前くらいから、続々とセーフティだのリプラスだのリクルートフォレントだのっていう保証会社が生まれてきたんです。怪しいのもいっぱいありましたけど。いまや保証人だけじゃなくて、保証会社も二重につけてくださいっていう不動産屋も増えて、保証会社っていうのも完全に社会にビルトインされたと思うんですよね。

　だから保証人提供も、いまはもやいはやらなくてもいい状況にはなっている。そういう意味で、保証人もちっちゃなNPOとしては高いリスクを背負

って始めた事業ですが、現在、そこまでの高い意義と価値があるかというと、なくてもみんなそれほど困らないんじゃないかという気はしますね。

■ 極限事例を打ち出すことの功罪

●仁平　貧困っていうものが社会にビルトインされたっていうのはまったくそのとおりだと思いますし、安倍政権があれだけ高い支持率がありながらネオリベ政策を貫徹できなかったっていうのも、やっぱりその一つの成果だと思うんです。ただ、「貧困が問題だ」っていうのは一般的な知識としては広がったんだけど、個別具体的なケースに対しては、「これは貧困じゃないでしょ」とか「ニセ貧困者め」とかいって脱問題化するダブルスタンダードも広がった気がします。この前の貧困女子高生バッシング問題[20]なんかがたぶんそれだと思うんですよね。

　それで、貧困問題ブームっていうものの功罪で言うならば、ネットカフェ難民にしろ、その前のNHKのワーキングプアでも、学生に見せると泣く子もいるくらいなんですけど、あれはたしかにぐうの音も出ないほどの事例じゃないですか。1年間テーラーやって年収20万だけど、妻の葬式代のために100万残しているから生活保護も受けられない。すごい事例なんですが、あれが一種の「貧困とはこのくらいの極限事例だ」みたいになってます。湯浅さんがおっしゃられたように、「貧困は社会の問題か個人の問題か」みたいな対立軸があったから、良心的なメディアもあのころは「ザ・貧困」みたいなもの、個人の要因がなくて100パーセント社会の要因とみなせそうな事例ばかりを取り上げてたんですよね。それが一種の貧困のスタンダードみたいになって、「この事例についてはまだ努力のしようがあったじゃん」とか、共感を切るための線引きとして機能してしまう。この前の貧困女子高生が「お前、パソコン買えるじゃん」って叩かれてしまうのもそういうことだと思います。かなり強めの事例に引っ張られることによって、もっと薄く広くある貧困について逆に声を上げにくくなってしまっている。それがバッシングにつながるのかなと。

　水俣病患者でも劇症型の水俣病患者のことばかりメディアに出たので、か

えって慢性型の患者さんがニセ患者って言われたりだとか、あるいは自分は水俣病患者ではないとすら思っていたっていうケースがありました。メディアが取り上げてきた「劇症型の患者の表象」にはマイナスの効果もあるのだと思います。だから今後は、貧困はあるっていうのを前提にしたうえで、じゃあ、その貧困とはどういった形態をとるのかっていうところで次のアドボカシーというか、もっと身近なものなんだよっていうことを伝える必要があるんじゃないでしょうか。

●湯浅　そうですね。まさにそれがいまの課題だと思っていて、極限状態としての貧困の表象っていうのは、われわれにも相当責任があるんですよ。当初はやっぱり入口で自己責任かどうかで、とにかく先に進めない、その先の話ができないっていう状況でしたから、非の打ちどころのない貧困を出すしかなかったんですよね。そうではないケースも、視聴者が福祉系の人たちである『ハートネットTV』[21]でやってるぶんにはいいんですよ、みんな共感して見てくれるから。でもあれは0.1％しか見てない。

●仁平　あの番組の視聴者はリテラシー高いですよね。

●湯浅　そうそう。だからそこで反応がよかったからといって、テレビ局の福祉班が調子にのって7時のニュースとか、あるいは『あさイチ』とか、ああいうところに出しちゃうと、8分間のうち7分間この人は大変だっていう話をしていようが、出てきたシングルマザーのお母さんがピアスしてるだけでアウトなんですよね。後ろに液晶型テレビが映りこんでいたらそれでアウト。『ハートネットTV』で番組つくってるディレクターはそこがわかんない。普段そんなの、誰からもクレーム来ないから。だからマスコミもそうだけど、私たちも非の打ちどころのない貧困を用意するし、いろいろ欠点がある人がいれば、きれいにして出す。そうじゃない限り受け入れられない。

●仁平　そこに挑戦しようとして水島さんがつくったのが『ネットカフェ難民3』で、あれがかなり論争を呼んだっていうのはありましたよね。

●湯浅　そういう感じでしたね。食うや食わずの状態を絶対的貧困で、それ以上を相対的貧困とすると、絶対的貧困を打ち出せば、たしかに相対的貧困の上の方を不可視化するんですよね。そこの不可視化にはわれわれも加担してしまっていて。そのことが象徴的に出たのが去年のNHKのあの炎上だっ

たかなと。あれはかたちを変えてずっと出てくると思うんですけどね。

■ 相対的貧困という概念

●湯浅　ただ、私があのときにこれまでと違うって思ったことが一つあって、ネット上でもけっこういい勝負になっていたんですよね。「いや、相対的貧困っていうのをわかってないんだ、あなたたちは」っていうことを言う人たちが五分五分に近いかたちでいた。「ねつ造だ」と批判する人たちが半分、そうじゃないんだ、いまはこういう議論をしているんだ、っていう人たちが半分いて。それが私は、子どもの貧困ってやっぱり違うなって思ったところなんですよ。大人と違って自己責任を問われない。そこの最大の問題をクリアしているから、あのテーマであってもいい勝負になっていた。あれがシングルマザーのお母さんだったらあんな議論にならないですよね。一瞬にして抹殺ですよ。袋叩きにあっておしまいなんだけど、高校生だったんで、それに対する反論がそれなりに出た。

　それでメディアもそれなりに頑張って。あれによって相対的貧困というのが多少なりとも浸透し始めたと思うんだよね。「ああ、今までわれわれがやってたのは相対的貧困っていう話なんだ」みたいな、そういう概念があるんだ、みたいな感じに少しなってきていて。私が講演に行って「子どもの貧困は6人に1人とか7人に1人とかですけど、実感があるかどうかをグー、チョキ、パーで教えてください。そんなにいるのかって思ってる人はグー、そんなもんだろうって思ってる人はチョキ、もっといるだろうって思っている人はパーで、実感でいいので教えてください」ってやると、だいたいグーが7、8割ですよ。だから人びとの頭はまだそんなに切り替わっていないんだけれども、それでもあそこまでいったのは大きかった。そういう意味では、一番最底辺はそれなりに可視化できたけど、下の上というか、階層的に見て下の下じゃなくて、下の中とか下の上とか、ここらへんが私自身も含めてちゃんと可視化できていないっていうのが、現在残されている問題だと思っています。

　結局そこのところを、海の向こうですけどかっさらったのがトランプだっ

たわけだし。もしかしたらポピュリズムと言われるような小泉的なるもの、橋下的なるもの、小池的なるものは、結局そこを取ってきているのかもしれない。そういう意味でいうと、これからはそこをどういうふうに社会的に見えるようにするか、そのための仕掛けとか言葉とか活動とかはどういうことができるのか、考えていかなければいけないと思いますよね。

　ただ、やはりこれはすごく難しいと思う。それはインパクトがないから。8歳の女の子がティッシュを舐めて甘いと言った[22]っていったらインパクトがあるわけですよ。「そんな子がいるんだ」って。月収20万でやりくりしてて、楽ではありません、でもまあ食えていますとか、中古の車で新しくはできませんが乗れてますみたいな話って、どうやったらニュースになるんだっていうのもあって。これを可視化していくのは難しいと思う。そこについて知恵を絞らなきゃいけない段階なんだと思う。

●仁平　たしかに貧困女子高生も、言われてみれば子どもの貧困の延長だったっていうところで、カウンターしやすかったっていうのはあるかもしれないですね。安倍政権で子どもの貧困対策推進法ができたのだって、子どもだったからっていうのは大きいと思いますし。

　メディア論でsuitable victim[23]っていう概念があって、本当に自己責任とみなせる要素がないとか、一般の人のモラル・エコノミーにうまく合致したような被害者像を探してくるっていう議論なんですけど、子どもはそこで選ばれやすい対象なのかと思います。

●湯浅　へぇー、Suitable victimっていう概念があるんですね。それ、なんて訳すんですか？　適合的被害者とか？

●仁平　僕も訳は知りませんが、そんな感じですよね。おっしゃられたように、相対的貧困を問題化していくってことが次の課題だと思います。そうすると竹中が言ったことをもう一回反転させて、貧困だけではなく格差の問題についても、もういちど考え出してもいいかもしれないと思いますね。

●湯浅　もう一回、そこを再導入する。その再導入する形は相対的貧困で。私、最近は相対的貧困についてこういう説明をしていましてね。「世の中にはあったほうがいい格差とあってはいけない格差がある」と。ある程度の格差は活力の源泉だし、成長のエンジンだし、イノベーションの源泉だし。私

とあなたがまったく同じじゃあモチベーションは生まれない。だけどあまりにも格差が広がっちゃうと、諦めが広がっていく。これはかえって社会の発展を妨げる。じゃあ、あっていい格差と過度の格差との境目はどこなのか。それが相対的貧困ラインなんだ、っていうふうに話をしていて。だから相対的貧困をマクロな社会発展の指標の一つとして見ていく必要があるんじゃないかみたいなことを言うことで、ちょっとそっちの議論を導入するようにしてるんですね。そうしないと、個々のストーリーではインパクトを持てない。ただ、これはインテリ向けの説明の仕方で、一般向けには人が見えないと動かないので、それだけでは足りないんだけど。まあ、マクロにはそういうようにはしていますね。それはやっぱり格差の再導入なんですよ。

●仁平　なるほど。

社会という感覚

●仁平　さっきの貧困ブームの話なんですけど、たしかに知識は浸透しましたが、学生なんかを見てると、どう貧困リスクが自分のところに来ないようにするかっていうことのためにこの知識が使われているところがあると思うんですね。たとえばフリーターとは付き合わない、奨学金の借金抱えてるやつはリスキーだとか。つまり、自分がそういったババを引かないようにするための「知」として使われているような。

　こういう状況をふまえると、あってはいけない格差っていうのは大事な概念だと思うんですよね。格差が大きすぎると、貧困層の人たちだけでなく自分たちにとっても大きなマイナスになるよという話。実際、アトキンソンの研究[24]とかだと、格差の大きい社会は犯罪率が高かったり平均寿命が短かったり、どの層にとってもマイナスになる。全体にとってマイナスっていうその感覚こそが、社会のリアリティとつながってるんだと思います。そのリアリティがないところでは、合理的個人としてどう貧困に至るリスクを避けるかっていう考え方にしかならない。いまの若いひとたちの大手指向とか公務員指向っていうのも、リスクを最小限にする選択ですよね。授業のコメント・ペーパーを見ても、「彼氏はフリーターですけど、別れた方がいいで

しょうか？」とか（笑）。母子世帯とかひとり親世帯はリスクが高いとなると、自分のかかわる範囲の外にそういう人たちを置きたいみたいな、下手したらそういう感じになってしまう。個人のサバイバルのための知識として貧困が使われるっていうことがありますよね。

●湯浅　それは社会に働きかける感覚をどう醸成するかってことですよね。貧困の問題に限らず、いろんな社会問題についても。それはもう一方の私の系譜であって、「活動家一丁あがり」っていう感じの講座をやっています[25]。いま大学で教えてるのも、結局はそういうところなんです。学生には言うんですけどね。「世の中を天気と見るか社会と見るかだ」と。天気と思えば雨ごいしたって雨は降らないし、できることは傘を持って家を出ること、自己防衛だけだと。だけど社会だと思えば人がつくっているものなので、人が動けば変えられると。世の中を天気と思うか社会と思うかが分かれ道で、社会と思えっていうことをどう実感として持ってもらえるかが大きいと思ってるんです。だから他者に対する働きかけみたいなものを自分でやってみて、うまくいったりうまくいかなかったり。横のコミュニケーションが大学のなかでも増えていく必要があるだろうと思っていて、そういうのをずっと授業でやっているんだけど。そこがこの問題、もちろんそれ以外にも発想として現れるんじゃないかな。リスクに対していかに生活を防衛するかっていう問題意識が席巻してしまうと、市民性が弱くなっていく。丸山眞男さんも昔から言っていますよね。

●仁平　戦後民主主義の課題っていうところにもつながるということですね。

■ 普遍的なセキュリティ

●仁平　あともう一つ思っているのは、リスクを避けるといっても、もやいの相談自体から見てみると、あまりにもリスクが多様で、ある意味では避けようがないというか、傘だけで済まないだろうということです。幸福な家族はどこも似たようなものだけど、不幸な家族はみな違っているっていうトルストイの言葉がありますけど。平均値だけ見ていると、たしかに安定した層はある程度似たようなライフスタイルなんですね。幅がすごく決まっていて。

これは日本の社会保障があるライフスタイル、企業に勤めて終身雇用で性別役割分業でっていう、ある標準的なライフスタイルを組めばセーフだっていう構造になっていて、そのせいもあってある程度パターンが似てきてしまったと思うんです。

　でも、平均ではなく分散で見ると、そういった標準的なモデルではない形というのは想定のしようがないほどに多様で、それが相談事例にも表れている。たとえば、ザ・貧困みたいな人を避けておけば大丈夫と思っていても、もしかしたら出会ったパートナーがすごい暴力持ちかもしれないわけじゃないですか。結婚したあとに化けるかもしれないし。いろんなかたちで2つか3つくらい階段踏み外すと、簡単に貧困状態になっちゃう。そう簡単に傘さして対処できるようなものではないっていうのが、今回のもやいの事例から逆に見えてきた。あまりにも多様だっていうところが一つ強調しなきゃいけないところなのかな。分散が大きいっていう。もちろん結果として、概念として見たときにはリスク要因っていうのは見えてくるんだけれども、それの個別具体的な生きざま、生き方のなかでの現れ方って本当に多様だと思います。

　そうなると、どんな人生経歴でもここにきたらきちんと支えてもらえるっていうのが社会にあるのって、誰にとっても合理的だよねっていうかたちで話を組んでく。湯浅さんたちがずっと言ってきたことだとは思うんだけれども、貧困イメージの硬直化が起きている今は、その多様性と、だからこそ普遍主義的なセキュリティがあったほうがいいんだという話って大事だと思います。逆に言えば、公務員になって家族に借金がないような配偶者と結婚すればそりゃセーフかもしれないけど、そんな形でしか幸せのイメージが持てないとしたら、自由度もないしつまらない社会じゃないですか。自由のための普遍的なセキュリティという考え方もあるんじゃないかな。相手が会社辞めて起業しようと思ったらリスクが高くなるから別れるしかないとしたら、社会の活力すら取り逃していくわけですし。そういう話って、経済界の人も聞いてくれる気がするんですけどね。

●**湯浅**　ある程度は経済界も聞く耳をもってきていて、とくに子どもが入口だと話に乗りやすいので、そこから広げていく感じになると彼らも考えられ

るんですよね。私もまだそこは上手い言い方を見つけてないんですけど。

　よく使うのは、「たらいの穴は上から見ててもわからないよね」っていう言い方です。たらいの穴は下から見ると気づく。だから、下から落ち込んでしまった人が教えてくれることはあるんだよっていう話。たらいの穴を塞いでいけば、たらいを共有しているみんなにメリットがあるよねっていう話なんです。でも、それはまだまだたらいの上にいる人には響かないんですよね。それなりに効く言い方だと思うし、効く人はいるんだけど、いまいち効かないんですよね。だから、何かもうひと捻りほしい。

●**仁平**　労働の方だと低賃金・長時間労働の人とか、それこそパワハラの温床だったし、そういった労働環境って誰にとってもうつのリスクになるわけですよね。このあいだ電通で亡くなった人 [26] がいましたが、どこの層にも発生しうるっていうリアリティがあって、それがパワハラとか長時間労働の規制っていう話につながったと思うんですよね。お金の貧困っていう話だけだと自分は違うと思う人が多いのかもしれないけど、パワハラ受けて長時間労働でうつになっちゃうっていうのは、より多くの人が潜在的に職場で感じていることで、こういったリアリティが相互につながるときっていうのは何か変わるときだと思うんです。かつて貧困問題というテーマがある程度広がったときも、そういう部分があったんだと思うんです。

　反貧困ネットワークはいろんな立場、いろんな運動団体のネットワークだったわけじゃないですか。取り組んでいたのは外国人支援の団体だったり女性関係の団体だったりいろいろだけど、貧困っていうシングルイシューでものすごく大きなネットワークになったと思うし、反貧困運動を展開できたと思う。内部対立と内ゲバの歴史の左派の運動のなかでは、ベ平連などと並んですごく稀有なネットワークで、それだけの問題提起としての普遍性を持っていたと思うんですよね。

●**湯浅**　それの改良版ですかねえ。

●**仁平**　子ども保険を言っている小泉進次郎とか、いろんな層の人がいろんな文脈でいっていることもあるので。

■ 貧困は経済的な問題だけではない

●仁平　あともう一つ、貧困問題というのは給付だけでは解決しないんだということが、今回のこの本のとくに第6章の「女性の貧困の特徴——女性は貧困にもなれない？」を読んで思ったことでした。女性の事例は男性の場合と違って、経済的にはそこまで困窮していなくても相談に来る人が多くて、それはもっと暴力の問題とか家庭内の抑圧の問題とかとつながっているっていうことでしたよね。これは職場におけるパワハラの問題ともつながっていくことで、そこまでちゃんとカバーできているっていうのがもやいの相談のすごいところだなと。それが貧困問題と地続きの問題になっている。これもたぶん、根源的にセーフティネットがかかわらないといけない問題だと思います。「人間の安全保障（human security）」には、「欠乏からの自由」と「恐怖からの自由」っていう2本柱がある [27] ということですが、「欠乏からの自由」のためには「恐怖からの自由」も必要だというように、本来、この2つは密接に絡んでいて、女性の場合はとくにそうなんだと思うんですよね。

　また、いま労働の領域で、ブラック企業とかパワハラが問題とされているのは、職場での「恐怖からの自由」をどう実現するかっていうことでもありますよね。やっぱり誰にとっても「恐怖からの自由」って実現しなきゃ困るわけじゃないですか。でも、その職場を辞めたら生活に困るとか子どもの教育費に困るとかいう社会では、恐怖から逃れようがなくなる。そういう「恐怖からの自由」と「欠乏からの自由」が支え合うというリアリティのもとで、今後の社会保障というのは考えられていくべきかなと。それは女性の貧困の章を読んですごく思いました。

■ これからの貧困問題の語り方

——湯浅さんのほうは、この先の貧困問題の語り方とか、そこで自分が何をしていこうかとか、考えておられますか？

●湯浅　まだ全然決まってないですね。すごく大きく言うと、さっきの話み

たいに一度格差と貧困をはっきり断ち切って論を立てるのが最初だったんですね。そのときは格差問題に世の中がまみれてたから。よく覚えてるのは、電車のつり革広告に「藤原紀香と陣内智則の収入格差」とかってあって、ギャップっていうものをなんでも格差って名づけるみたいな感じに一時期なってしまっていました。ああいうなかで貧困の話を語っても、あんまりリアリティが伝わらないなっていう問題意識があった矢先の竹中発言だったので、それで一回切断したんですよ。

　いま10年経って思うのは、貧困がそれなりに社会にビルトインしたなかで、もう一回別のかたちで接続し直す必要があるだろうというのがさっきの話なんです。それが具体的にどういうかたちをとるのかまでは見えるわけじゃない。そういう意味では、来年から「これ始めます」って言えるようなものではないですね。

　一つ考え方を導入する入口として、やっぱり子どもの貧困というのは大きいと思っている。それはある意味で戦略的なものですけど、あえて子どもの貧困として切り離すところから出発するわけです。当然そうすれば実際には切り離せないので、子どもの貧困だけやっててもダメだろうみたいになって、大人の貧困の話になっていく。そこでシングルマザーの話とかがもう一回再導入され始めているっていう、それくらいの段階だと思うんです。それもやはり、さんざん大人の貧困をやってきた立場からすると、大人の貧困を別の角度から照らすようなやり方じゃないといけない。またぞろあの自己責任なのかっていう問題に何年も何年もからめとられるのはかなわん、っていう思いがある。子どもの貧困問題は、そういう意味で貧困問題全体の牽引車なんです。そこが進んでいくなかで、別の光が当たっていく。政府もいましきりに言っている未来への投資ですね。でも、その話は若者でも同じなんです。若者の貧困は阿部彩さんなんかと一緒にやったときには、厚生労働省の研究会で試算も出しましたけど、そこまでは広がらないわけです。そういう意味で言うと、子どもの貧困を導きの糸としていろんな問題に光を当てればいいんじゃないかと、漠然と思っています。

●仁平　子どもの貧困はまさに社会の原因であり、自己責任の要素がないことと、もう一つ、さっきおっしゃられた未来への投資っていう社会的投資論

に乗りやすいというところで、保守層の支持も比較的得やすいですよね。それを一つの切り口として、機会の不平等は結果の不平等の帰結ですから、親の世代の話もできる。だから子どもから広げていくっていうのは、重要な切り口だなと僕も思います。ただ、単身男性に広げるとき、そこをどう説得するのかを考える必要がありますよね。

●湯浅　なるほど。これは結局、働き方の話にもなるわけですよね。だって賃金とか労働条件とか労働待遇の話になるわけでしょ。そういう意味では単身男性にも当然広がり得る話で、そういう方向に広げればいいんだと思う。だけど、急ぎ過ぎると失敗する。子どもの貧困の話にしたって、そんなの解決にならないだろうって言い出す人を待つ。実際いま、言い出す人が増え始めていると思います。言いやすくなってきている気はしますね。

●仁平　そうですね。政治の常として必ず政権への批判は起こってきますが、もし子どもの貧困対策が一つのスタンダードになったとしても、批判の方向としてはさすがに「子どもの貧困は問題じゃない」っていう立場はとりにくい。するとその対抗者は「それだけじゃ不十分だ」っていう言い方になるので、さらに上積みを約束する。こんなふうに、政治のゲームの論理が福祉拡充につながるという回路ができればいいんですけどね。民主党政権のときはまさにそうだったんですよね。子ども手当もそうだったと思いますし、社会的投資としての教育っていう発想もそうだったと思います。子どもという切り口でいろいろ解決していこうみたいな発想は、けっこうあったような気がします。

●湯浅　ありましたよね。ただ、戦術的に未熟だったんでしょうね。子どもの貧困対策推進法も2009年につくろうとしていたんですね。私と山井（和則）さんと、のちの官房長官になる藤村（修）さんでつくろうとしたんだけど、結局、鳩山さんのお母ちゃんの献金問題でごたごたになっているあいだに全会一致で議員立法は無理になってしまった。そして、それを3年後にやってくれたのが自民党政権だったっていうね。やはりあれはガバナンスの違いなんですね。

●仁平　そうなんですよね。

——もやいの役割はもう終わったというようなことをさっき言われてたと思

うんですけど、どうなのでしょうか？

●湯浅　いやいや、それはちょっと言い過ぎだと思います。私が役割を終えたのではないかと言ったのは、保証人提供と「貧困問題はあるんだ」的なアドボカシーのことです。もやいという団体がではなく、その２つの役割はある程度終わったと思うんですね。だけど、たとえばアパート生活を豊かにするとか、路上より貧しいアパート生活をどうにかしないといけないとか、あるいはつながりをつくらないといけないだとか、居場所を確保しないといけないとか、他にもやっている事業があって、そうしたことの必要性は全然失われていないっていうか、有効性は消えてないと思いますよ。ただ、私は初期から2008年頃の人間なんで、そのころ一番訴えていたことは、時代的にある程度役割を終えたというふうには思っている。いまどういうことがもやいの内部で議論になっているのかわからないけど、この状況に合わせたもやいなりの強みを形にして打ち出す必要があるんだと思いますね。たとえば保証人問題なんかも、やめるわけにはいかないからやり続けるわけだけど。もちろん、ブツっとは切れないですよ。保証人になっている人がいるんですもんね。ただ、徐々に切り替わっていくことはできる。もうだいたい切り替わっているでしょ？

──新規のときに保証会社使える人には保証会社で、とは言っていますね。

●湯浅　ですよね、更新のときにね。私たちのときからそうし始めていたので。そうやっていくのを合意して、その代わりに何をやるのか。すでにやってんのかもしれないけど、やってみていいと思う。

■ 奪われがたい人権

●仁平　さっきの単身男性をどうするのかっていう話とも関連すると思うんですが、この前、経済産業省の若手がペーパー[28]出して、すごい話題になりましたよね。

●湯浅　そうですね。ダウンロードが100万件を超えましたね。

●仁平　あのペーパーは、子どもの貧困とか若者の雇用に対する問題意識がけっこう強いんですよ。それで日本の社会保障が高齢者中心、年金・医療中

心なのを切り替えなければいけないと言っている。国の生産力を考えたときに、子ども・若者に集中させないといけないだろうって書いてあって。でも、なんだか気持ち悪いんです。さすがに高齢者から社会保障を奪えとは書いてないんだけど、どう読んでもそうとしか読めないような部分もある。病院に入って死ぬのを待つみたいな生き方はよくないんじゃないかと書いてあったりして。要は価値観を変えて、医療費の抑制につなげようっていう発想で、それが一定の支持を得るわけです。だから国の生産力っていう観点から、子どもの貧困を問題化するという方向性は支持を得やすいっていうのもあるんだけど、一方で人には生存権とか社会権という奪われ難いものがあって、それは国のために貢献しようがしまいが奪われてはいけないよねっていうところに持っていく議論の筋がベースにないと、怖い方向につながる気がしています。

●**湯浅**　戦略的にやる必要があるとは思いますね。

●**仁平**　ええ。戦術の方向性が定まらないと、右からの社会保障という動きのなかにある問題点への感度が落ちちゃう気がします。自分たちの命をセキュリティ、福田さんから民主党政権くらいまではソーシャル・セキュリティだったわけですけど、そのあとはナショナル・セキュリティ、国防っていう話が前面に出てきている。あれも僕たちの命を守ろうっていう話じゃないですか。ソーシャル・セキュリティであれ、ナショナル・セキュリティであれ、命を守ってくれる国家という枠組みの重要性に目を向けるようになっているのが現在だと思います。そう考えると、いまのナショナリズムの上昇と、貧困やブラック企業は問題だから国が何とかしろっていう認識が広まったのは、対立していそうで通低している部分があると思う。

　トランプ自身がそうじゃないですか。ナショナル・セキュリティを前面に出すわけだけど、失業者や貧困層に手厚くっていうスローガンも掲げている。だから強いんですよ。ネオリベよりは国家社会主義、ナチスにむしろ近い。ナチスも「国民」の幅を狭めたうえで、その人たちの福祉についてはすごく重視した。

　このままじゃ将来的に国の投資としてやばいでしょうっていう言い方は、ある程度中間層や保守層にも有効だし、まずはそこの議論を通そうっていう

のは僕も賛成なんですが、その議論にはまらない部分をどう考えるかも重要ですよね。反貧困運動のあとに排外主義的な動きが高まったのは、一見、対極にも見えるけど、「国民」のセキュリティを守ろうっていうところでは一緒にも見える。ちょっと不気味さを感じるんですよね。ネトウヨも生活保護自体を批判するっていうよりも、「在日のやつらが不正受給しているから、生活保護が本当に困っている日本人に行き渡らない」とか、「生活保護を受けてるやつは日本人じゃないのが多い」っていうふうに、貧困問題は解決すべきっていう一般論を踏まえたうえで、国籍の論理を使って排除の言葉を組み立てている。10年前のネトウヨだったら生活保護そのものを単純に叩いていたので、形は変わってるんだけど根っこは同じことが繰り返されている気がします。そういう意味では、勝ち目がなくてもあえて人権大事みたいな、ガチで言っていくことも依然重要なのかなと。

●**湯浅** うん、それはもちろん重要ですね。同時に、それで届かない層をどうするかも考えていく必要があると思います。

注)
[1] 東京都荒川区と台東区にまたがる簡易宿泊所（ドヤ）の密集地域で、かつ日本の最も大きな寄せ場（日雇労働の青空労働市場）の一つ。当時は日雇労働者や野宿者の集住地域となっていた。山谷という町名は1967年になくなっているが、現在でも同地域の通称として使われている。
[2] PDは博士研究員（Postdoctoral Researcher）の略称で、学振とは日本学術振興会のこと。ここではとくに博士課程修了（予定）者を対象とした日本学術振興会特別研究員制度のことを指す。特別研究員に応募して採用されると、3年間を上限に研究奨励金と研究費が支給され、博士課程修了者が研究者として就職するまでのあいだの主要な職になっている。
[3] 1981年に結成された団体。暴力団の存在を背景とした手配師（日雇労働を斡旋するブローカー）や、建設会社等による労働者に対する暴力を含む不当な扱いに対して、団体交渉などの手法を通じて闘争を繰り広げてきた。
[4] 山谷や釜ヶ崎、寿町、笹島などの寄せ場では、もともと日雇労働者を対象に労働運動・支援活動などをしていた団体の一部が、野宿者の急増に直面して、炊き出しやパトロールのなどの野宿者支援活動を行うようになっていた。
[5] IMAは、聖イグナチオ教会、フードバンク、もやい等の呼びかけを発端として2001年に設置された、住所がなく困窮している人びとが利用できるシェルターである。

とくに外国籍やDV被害に遭った人びとが利用してきたが、現在は利用されていない。
[6] ホームレスの自立の支援等に関する特別措置法（2002年施行）を根拠として定められた国の基本方針と、各自治体の大綱をもとに実施される緊急一時保護事業で活用される施設。居住場所がない人を入所させ、2週間をめどに健康状態などのアセスメントが行われたあと、就労可能な人びとは自立支援事業へと移行し、通算6ヶ月程度、居住場所の提供と就労支援を受ける。
[7] 2人が共著で書いた論文が掲載されている書籍。仁平典宏・湯浅誠、2007、「若年ホームレス」本田由紀編『若者の労働と生活世界：彼らはどんな現実を生きているか』大月書店。
[8] 『山谷―やられたらやりかえせ』（1985年）は、山谷の日雇労働者たちの生活と闘争の様子を撮った佐藤満夫・山岡強一監督によるドキュメンタリー映画。
[9] 渋谷を拠点とする野宿者支援団体。1998年に設立された団体で、当時の正式名称は「渋谷・野宿者の生活と居住権をかちとる自由連合」。湯浅が当時、活動していた。現在の正式名称は「渋谷・野宿者の生存と生活をかちとる自由連合」。
[10] 核兵器廃絶国際キャンペーン（International Campaign to Abolish Nuclear Weapons）。各国政府に対して、核兵器禁止条約の交渉開始・支持の働きかけを行うために設立された全世界的なキャンペーンの連合体。日本ではピースボートなどが連携組織になっている。
[11] 1994年に結成された団体で、正式名称は「新宿野宿労働者の生活・就労保障を求める連絡会議」。渋谷や山谷で野宿者支援をしていた人びとが集まって結成され、とくに東京都のホームレス対策事業の実施を促すなどの働きを果たしてきた。
[12] 1994年に、当時、東京都立大学などで社会福祉学や社会学を学んでいた教員・学生を中心に結成された野宿者支援団体。
[13] ホームレスの人を対象とした緊急一時保護事業と自立支援事業が実施される施設。従来は緊急一時保護センターと自立支援センターが別途用意されていたが、2010年以降、両センターの機能の一体化が進められてきた。
[14] 正式名称は野宿者・人権資料センターで、野宿者についての調査研究活動を行っていた。2002年10月に新宿連絡会の就労支援部門と合流して、NPO法人新宿ホームレス支援機構が設立された。
[15] 2006年10月および11月刊行の『賃金と社会保障』1428号、1429号、旬報社、に掲載された湯浅の論考。
[16] 2006年2月1日の参院予算委で、当時の小泉純一郎首相が、社民党福島瑞穂氏による質問への答弁として、格差が出るのは別に悪いことだと思っていないという内容の発言をした。
[17] 東京都ではとくに野宿状態にいる人が生活保護を利用すると、社会福祉法に定める第二種社会福祉事業にあたる無料低額宿泊所や無届の宿泊所に一時的に滞在し、その後アパートに転居するという手続きをとられることが一般である。しかし、無料

低額宿泊所の多くは規則が厳しく、保護費のごく一部しか本人の手元に残らないことが多いほか、相部屋がほとんどで人間関係のトラブルも生じやすく、耐えきれずに失踪する人もいる。直アパとはこうした一時待機場所を経ずに路上からアパートに直接入居することを指す。

[18]　2012年にお笑い芸人「次長課長」の河本準一の母親が生活保護を受給していたことが問題視された。親族による扶養と生活保護制度の利用との関係が焦点となったが、本来親族による扶養は生活保護の要件ではなく、あくまでも扶養がなされた場合には生活保護に優先するという性質のものであり、法的には問題がない。しかし、この件により生活保護についての偏見やバッシングが助長された経緯がある。

[19]　安倍内閣で掲げられた経済政策であるアベノミクスの3つの柱（①大胆な金融政策、②機動的な財政政策、③民間投資を喚起する成長戦略）のこと。

[20]　2016年8月18日にNHKで放送された子どもの貧困についての特集に登場した女子高校生の生活について、その一部を切り取って貧困ではないと非難する人やNHKが番組を捏造したと主張する人が現れ、ネット上でいわゆる「炎上」が起きた。

[21]　NHKのEテレで放送されているテレビ番組。貧困、障害、介護、自殺などの様々な社会問題をテーマとして扱っている。

[22]　2015年12月19日の朝日新聞の記事で、生活保護を利用する前、困窮していた母子家庭で娘2人（8歳と9歳）が、ティッシュが甘いと言ってティッシュをなめて空腹を紛らわせていたという事例が紹介され、反響を呼んだ。

[23]　Cohen, Stanley, 2001, *States of Denial: Knowing about Atrocities and Suffering*, Polity Press 173頁。

[24]　アンソニー・B・アトキンソン（1944～2017年）はイギリスの経済学者で、ロンドン・スクール・オブ・エコノミクス（LSE）の教授だった。貧困、社会政策などの分野で多くの著作がある。

[25]　湯浅誠をはじめとするメンバーで構成された「活動家一丁あがり実行委員会」によって、NPO法人アジア太平洋資料センター自由学校の特別講座として、2009年から2013年まで開講されていた。「労働と貧困」をテーマに、社会に対して行動していくための効果的な活動や具体的なスキルについて学ぶ。

[26]　2015年に大手広告代理店電通の新入社員高橋まつりさん（当時24歳）が過労自殺した事件。2017年10月6日に東京簡易裁判所で、電通に対し罰金50万円の判決が下された。

[27]　長有紀枝、2012、『入門 人間の安全保障――恐怖と欠乏からの自由を求めて』中央公論新社より。

[28]　2017年に経済産業省の「次官・若手プロジェクト」によって、『不安な個人、立ちすくむ国家～モデル無き時代をどう前向きに生き抜くか～』と題する資料が公開された。http://www.meti.go.jp/committee/summary/eic0009/pdf/020_02_00.pdf）同資料は反響を呼び、ダウンロード数が100万を超えたと言われている。

【コラム④】
もやいのこれから

　2018年で、もやいは18年目を迎える。2001年の設立以降、野宿の人のアパート入居の際の連帯保証人の提供だった入居支援事業は、野宿の人のみならず、DV被害者や児童養護施設出身の人、長期に精神科病棟に入院していた人など、つながりを失い、ホームレス状態になった人にその対象を拡大していった。

　同様に、生活相談・支援事業においても、相談者のなかで野宿の人の割合は一定のレベルを維持しつつ、ネットカフェや知人宅、そして実家で生活する人の割合が増えるなど、相談者の多様化が進んでおり、いわゆる生活困窮者の支援としての"なんでも相談"という色合いが強くなっていった。

　これらはいずれも、社会の変化や相談者のニーズに応じて、それに対応するかたちでウイングを拡げていったものでもあるが、結果的に「日本の貧困問題を社会的に解決する」というミッションに行きついたと言える。

　2014年7月に、私が理事長になってまず初めて行ったことが、もやいの団体としてのミッションについて話し合うことであった。自分たちが何のために活動し、何をめざしていくのかを明らかにする。これはある意味、個人の活動家の集まりといった構成から、チームとして「貧困」という社会問題に取り組むという意思をメッセージとしても盛り込んだことでもある。

　2017年には大きな変化があった。長らく拠点としていた事務所から引っ越すことになり、各事業それぞれで活動の場所が変わることにより、様々な体制の変更を行わざるを得なくなった。

　「貧困が可視化」された今、また、「ホームレス問題」も社会的に変化を遂げている今、あらためてもやいとして何を行っていくのか、支援の面でも社会変革へのアプローチの面でも大きな転換点にいるとも言える。もちろん、すべては変わるわけでもない。むしろ、これまで大切にしてきた活動をより丁寧に深めていくことも私たちの大切な感覚になりつつある。

　生活相談・支援事業は、その人が「困っている」のであれば、断らずに話を聞く。解決できる課題もあれば、そうでないものもある。弁護士ではないので代理人にはなれないし、家族ではないから引き受けられないこともある。しかし、相談を聞きながら一緒にご飯を食べ、一人で公的機関に行くのが不安なら付き添って行き、専門機関につながる必要があれば適切に紹介する。もやいは専門知識のある隣人としての役割をこれからも強化しながら、これまで相談に訪れた人やこ

れから相談に訪れる人たちとの「つながり」を深めていくことをめざしている。

　入居支援事業は、民間の賃貸保証会社の介在した契約が増加するなかで連帯保証人の引受件数は少なくなってきているものの、緊急連絡先のニーズがむしろ高まっている。とはいえ、高齢であったり、傷病・障がいを抱えていたり、また滞納歴があるなどの理由で保証会社を利用しづらい人たちの連帯保証人引受のニーズはなくなってはいない。そこに対応しつつ、2018年からは不動産契約に関する新たな事業の展開を予定している。ここでは、物件探しに難航する人への仲介を通じた支援を準備している。いずれにしても、誰もが当たり前のようにアパートで生活できるような社会をめざし、「住まいの貧困」への取り組みを進めていく。

　交流事業は、事務所の移転により大きな変化を余儀なくされた。場所が変わることにともない、スタッフやボランティア体制も変化した。2017年からの大きな変化の一つは、農業体験などの当事者メンバーと一緒に他のNPOの活動や取り組みに参加する機会をつくったことである。また、メンバーの交代や事務所の設備の関係で停止していたコーヒー焙煎事業も一部再開することもできた。葬送支援に関しても仕組み化を試みるなど、「つながりの貧困」への取り組みに関して、これまでの「つながり」を守りつつ、新たな「つながり」を創っていく試みを行っている。

　広報・啓発事業では、生活保護基準の引き下げや生活保護法の改正などの、社会的な、政策的な変化について、これまで同様に現場からの提言を粘り強く行うことに注力している。現場での支援に携わりながら、社会に対して必要な支援の整備を求めたり、変革を促していくこと、このことがもやいとしての大きなポイントであると言える。

　2018年、これからのもやいは、あくまで現場の、当事者のニーズに対応しながらも、貧困問題を社会的に解決するために、しっかりと声を上げていくだろう。私たちの活動が必要ない社会になることをめざして、私たちの取り組みは続いていく。

　　　（大西　連〔認定特定非営利活動法人自立生活サポートセンター・もやい理事長〕）

おわりに

　本書のもととなったもやいの相談票の分析に着手してから、7年が経ってしまった。その間に、貧困の形も、貧困に対する社会の理解も、もやいの体制も変化した。しかし、貧困が存在する限り、もやいの果たすべき役割は変わらず存在するだろう。そのもやいが歩んだ軌跡をたどる本書が、日本の貧困の形をあぶりだすことになっていれば幸いである。

　この長い分析作業のあいだ、それを支えてくださった方がたは数多い。そのほとんどの方が、この7年間のあいだに活躍の場を変えてしまった。その方がたとともに、もっと早く成果をまとめられなかったのは、ひとえに私の怠惰のためである。謹んでお詫びしたい。今回のプロジェクトで最もお世話になったのは、もやいのみなさんである。長期間、データ入力のために便宜をはかり、作業を励ましてくださった。それだけでなく、忙しい日々の活動のなかでも協力を惜しまず、折々に重要なコメントを下さった。また、このプロジェクトを始める段階では、当時もやいのスタッフだったうてつあきこさんに大変なお世話になった。うてつさんの熱意とあたたかい配慮がなければ、そもそもこのプロジェクトが開始することはなかったと思う。データについて何度も長時間議論をし、本書のもととなる報告書をともに作成した上間愛さん、小野寺みさきさん、柏崎彩花さん、加藤茜さん、妻木進吾さんには、感謝の言葉も見つからないほどお世話になった。本書の核となる分析は、みなさんとの刺激的な議論のなかで生まれたものである。また、折々で本プロジェクトを支えて下さったうらまつあやこさん、大澤優真さん、野波隆弘さんにも感謝申し上げる。本書の企画を最初に相談させていただいたのは、元法律文化社の掛川直之さんである。掛川さんのとりはからいで、なんとか出版までたどりつくことができた。そして本書の出版をお引き受けくださり、煩雑な作業に労をいとわず取り組んで下さった旬報社の真田聡一郎さんにも、心より感謝申し上げる。

　本書は、JSPS科研費（JP23730505、JP26760019）の成果であることを付記しておく。

2018年1月5日

　　　　　　　　　　　　　　　　　　　　　　　編者　丸山里美

年譜　もやいの設立から現在まで

2000年
9月　　有志により、保証人バンクの設立に向けた初の会合

2001年
1月　　「もやいニュース」(現「おもやい通信」) 第1号発行
5月　　「もやい結びの会」設立集会、任意団体「もやい」設立

2002年
10月　　NPO法人として設立総会の開催、NPO法人の認証申請
12月　　IMAシェルターが設立される

2003年
4月　　法人格取得。「特定非営利活動法人自立生活サポートセンター・もやい」設立
6月　　「自立支援事業Q&A」作成(全国青年司法書士協議会　人権擁護委員会発行)

2004年
4月　　「こもれび荘」(東京都新宿区) へ移転
6月　　「サロン・ド・カフェ　こもれび」開始

2006年
2月　　株式会社リプラスと協力関係を締結、保証人提供事業に新システムを導入、一部のメンバーを有給スタッフ化
4月　　「従たる事務所」を「こもれび荘」近くのアゼリアビル202号室に定める
9月　　交流事業において、女性の居場所「グリーンネックレス」開始
12月　　5周年記念文集「日日是好日」発行(廃版)

2007年
1月　　「こもれびコーヒー」発売開始

7月	湯浅誠『貧困襲来』（人文社会科学書流通センター）刊行
9月	「Drop-in こもれび」開始
11月	共同墓「結の墓」開眼式

2008年
4月	湯浅誠『反貧困』（岩波書店）刊行

2009年
4月	『路上脱出ガイド（東京23区編）』をビッグイシュー基金と発行
7月	湯浅誠、冨樫匡孝が一部執筆した『若者と貧困～今、ここからの希望を』（明石書店）刊行
10月	湯浅誠が「貧困・困窮者支援チーム」の事務局長として内閣府参与に就任
10月	稲葉剛『ハウジングプア～住まいの貧困とむきあう』（山吹書店）刊行
12月	うてつあきこ『つながりゆるりと』（自然食通信社）刊行

2010年
9月	稲葉剛、冨樫匡孝『貧困のリアル』（飛鳥新社）刊行

2011年
7月	岩手県遠野市にて東日本大震災支援活動
7月	生活保護改定問題・緊急院内集会

2012年
2月	野宿者襲撃事件に関する江東区教育委員会申し入れ
3月	自立生活サポートセンター・もやい編『貧困待ったなし！とっちらかりの10年間』（岩波書店）刊行
12月	「被災地でも使える 最後のセーフティネット 生活保護活用ガイド」発行

2013年
1～3月	生活保護基準引き下げ反対緊急行動・院内集会・デモ
11月	稲葉剛『生活保護から考える』（岩波書店）刊行

12月	ふとんで年越しプロジェクトを有志で開催

2014年
1月	「これだけは知っておきたい！貧困問題基礎講座」第1回開催（以降毎年開催）
6月	稲葉剛に代わり大西連が理事長に就任
9月	認定特定非営利活動法人として東京都に認定される

2015年
1月	稲葉剛『鵜の鳴く夜を正しく恐れるために』（エディマン）刊行
4月	「Drop-in こもれび」終了にともない「ランタンベアラこもれび」開始
9月	大西連『すぐそばにある貧困』（ポプラ社）刊行

2016年
3月	「これで研修・授業・講座ができる！貧困問題レクチャーマニュアル」初版完成
9月	「貧困問題を『学ぶ・伝える』レクチャーセミナー」開始
12月	「こもれびコーヒー」販売停止

2017年
2月	『先生、貧困ってなんですか？――日本の貧困問題レクチャーブック』（合同出版）刊行
3月	「みどりビル」（東京都新宿区）へ移転

〔編著者紹介〕（掲載順）
丸山　里美（まるやま　さとみ）
立命館大学産業社会学部准教授。
主な著作に、『女性ホームレスとして生きる――貧困と排除の社会学』（世界思想社、2013年）、『質的社会調査の方法――他者の合理性の理解社会学』〔岸政彦・石岡丈昇と共著〕（有斐閣、2016年）、「貧困把握の方法としての世帯・個人とジェンダー」松本伊智朗編『「子どもの貧困」を問いなおす――家族・ジェンダーの視点から』（法律文化社、2017年）、などがある。

大西　連（おおにし　れん）
1987年生まれ。認定NPO法人自立生活サポートセンター・もやい理事長。
主な著作に、『すぐそばにある「貧困」』（ポプラ社、2015年）などがある。

結城　翼（ゆうき　つばさ）
1993年生まれ。認定NPO法人自立生活サポートセンター・もやい　生活相談・支援事業コーディネーター。
主な著作に、「社会的排除と公共性：山谷における野宿者支援の実践に見る『参入』の契機」日本寄せ場学会『寄せ場』29号（刊行予定）。

北川由紀彦（きたがわ　ゆきひこ）
1972年生まれ。放送大学教養学部准教授。
主な著作に、『都市と地域の社会学』〔森岡清志と共編著〕（放送大学教育振興会、2018年）、『移動と定住の社会学』〔丹野清人と共著〕（放送大学教育振興会、2016年）、『新訂 社会調査の基礎』〔山北輝裕と共著〕（放送大学教育振興会、2015年）、などがある。

後藤　広史（ごとう　ひろし）
1980年生まれ。日本大学文理学部准教授／認定NPO「山友会」・（社福）特別区人事・厚生事務組合社会福祉事業団理事。
主な著作に、「ホームレス自立支援センター再利用者の実態と支援課題」『日本大学文理学部人文科学研究所』93号（2017年）、『ホームレス状態からの「脱却」に向けた支援――人間関係・自尊感情・『場』の保障』（明石書店、2013年）、などがある。

山口　恵子（やまぐち　けいこ）
東京学芸大学教育学部准教授。
主な著作に、小杉礼子・宮本みち子編『下層化する女性たち——労働と家庭からの排除と貧困』（勁草書房、2015年）、石黒格・李永俊・杉浦裕晃・山口恵子『「東京」に出る若者たち——仕事・社会関係・地域間格差』（ミネルヴァ書房、2012年）、などがある。

大塚健太郎（おおつか　けんたろう）
1994年生まれ。認定NPO法人自立生活サポートセンター・もやいボランティア。

湯浅　誠（ゆあさ　まこと）
1969年生まれ。社会活動家・法政大学現代福祉学部教授。
主な著作に、『「なんとかする」子どもの貧困』（角川新書、2017年）、『ヒーローを待っていても世界は変わらない』（朝日文庫、2012年）、『反貧困』（岩波新書、2008年）、などがある。

仁平　典宏（にへい　のりひろ）
1975年生まれ。東京大学大学院教育学研究科准教授。
主な著作に、『「ボランティア」の誕生と終焉——〈贈与のパラドックス〉の知識社会学』（名古屋大学出版会、2011年）、坂本治也編著『市民社会論——理論と実証の最前線』（法律文化社、2017年）、小熊英二編著『平成史【増補新版】』（河出書房新社、2014年）、などがある。

貧困問題の新地平
―― もやいの相談活動の軌跡

2018年2月1日　初版第1刷発行

編　　者	丸山里美
編集協力	認定特定非営利活動法人 自立生活サポートセンター・もやい
装　　丁	波多英次
発 行 者	木内洋育
編集担当	真田聡一郎
発 行 所	株式会社 旬報社
	〒162-0041　東京都新宿区早稲田鶴巻町544　中川ビル4階
	TEL 03-5579-8973　FAX 03-5579-8975
	ホームページ　http://www.junposha.com/
印刷・製本	中央精版印刷 株式会社

©Satomi Maruyama 2018, Printed in Japan
ISBN978-4-8451-1532-7　C0036
乱丁・落丁本は、お取り替えいたします。